古代氏族の研究④

大伴氏

列島原住民の流れを汲む名流武門

宝賀寿男

青垣出版

目次

装幀／松田　晴夫（株）クリエイティブ・コンセプト

見返し写真／平城宮朱雀門と大極殿院

一　序説

大伴氏とはなにか

本シリーズではこれまで古代の中央氏族のなかで皇別と称した大豪族、和珥氏・葛城氏・阿倍氏を取り上げてきたが、本書で取り上げる大伴氏は、これら上記諸氏に比べて、割合地味な存在である。それは、職掌をもって朝廷に仕える「伴造」のなかの大族で、独立的な古代豪族ではなかったことにも起因している。上古代の室屋・金村大連が朝廷の大連として国政上で重要な位置を占めたものの、その後には物部氏や蘇我氏に押され気味で推移し、大化の改新後には勢力を回復して、その頃から壬申の乱を経て奈良時代末までの高官輩出の時代があった。平安時代に入ると、次第に藤原氏に押されて勢力を減衰させていき、氏の名も平安前期にはたんに「伴」となり、九世紀中葉の応天門の変で伴大納言善男が失脚して、その後は大きく政治の舞台に現れることはなかった。文化的には、『万葉集』などに現れる家持一族などの活動があったが、これも長く続かなかった。中世の地方豪族では、大伴氏後裔と称する諸氏は三河・伊賀や大隅などにいくつかあるが、これも主なところが滝川一益・池田恒興くらいで、戦国大名や武家として華々しい活躍を見せたわけではない。

戦後の古代史の傾向も、大伴氏の活動を実態よりも低く見せる方向に働く。記紀を総じて否定し、応神天皇より前の時期についての記事を否定する傾向のなかでは、室屋より前の大伴氏の活動・歴史は消されてしまうし、伴大納言善男より後の歴史においても、この氏の影響が政治的に微々たるものとなるから、具体的な活動期は五世紀中葉頃から九世紀中葉頃までの約四百年という限定的な期間しか見られない。

しかし、大伴氏の源流をその祭祀、習俗などを含めて総合的に辿ってみれば、日本列島ができてこの地域に縄文人が住み始めた頃まで遡るし、応神天皇以前の上古期王権において軍事的に果たした役割も大きかった。九世紀中葉以降でも、大伴氏は中下級の官人として細々ながら長く続いており、決して無視して良いというわけでもない。地方で活動した大伴氏後裔を称する武家についても、なかなか面白い活動をした氏もある。

ともあれ、古代から近世まで時期により強弱があるものの、歴史の舞台で永く活動してきており、仔細に見ていくと全国各地に多くの足跡を残してきたのがオオトモ氏の一族である。その同族とみられる流れも意外な方面に及んだ。オオトモを名乗る系統は、十分な検討を要するが、全国各地に多くある「オオトモ」のすべてが同族というわけではない事情があって、これらをその同族などを含めて総合的に見ていくことで、ある程度特徴的にとらえることができる。本書では、オオトモ氏について、氏祖とされる道臣命からの流れとその動向を、その同族や異系異流のオオトモ氏まで含めて、近世初め頃まで追いかけて具体的な実態を総合的に把握しようとするものである。

なお、オオトモは文語体では「オホトモ」と書き、当てられる漢字も大伴のほか、「大部」が見られるが（「大友」は渡来系氏族に主に用いられるものの、地方の神別氏族の苗字には混用される）、漢字のほうは史料・出典に応じて書き分けることにして、本書では基本的には大伴、オオトモの表記を用いることにする。

オオトモ氏の概観

オオトモ氏について、本書では様々な面から見ていくが、全体を俯瞰する意味で、歴史事典などに記載される概略的なことを先ず記しておく。

大伴氏は、天孫降臨などの神話時代を除くと、記紀に神武東征の際にその創業に貢献した道臣命を人代初祖とする系譜をもつ神別の氏族であって、伴造として軍事・警衛を主とする職掌をもち、靫負《ゆげい》部や久米部、佐伯部を率いて天皇警固と宮門警備を長く続けた。大伴氏の守った宮城の門は、当初の名が大伴門で、後に朱雀門と呼ばれた。軍事に関連して、韓地や陸奥でも大伴氏の活動が広く見られる。「大伴」とは、宣長の『古事記伝』や太田亮博士も言うように、朝廷に仕えた多くの伴を率いたこと、そのなかの統率者を意味すると考えられている。同じ軍事関係伴造であっても、物部氏は国軍・警察的な色彩がより強かったから、多少の差異は見られた。

当初は連姓で、天武朝（天武十三年、六八四）の八色

平城宮朱雀門。正門でもあり、「大伴門」とも呼ばれた。

の姓制定において宿祢姓となり、平安前期の弘仁十四年（八二三）には淳和天皇の諱・大伴皇子を避けて伴宿祢姓となり、その一世紀余の後の平安中期には遅ればせながら伴朝臣姓になった。本拠については、伝承のある大和国の高市郡の築坂邑《つきさか》（現橿原市鳥屋町付近）あたりで、畝傍山付近の一帯あたりだとみられる。時期的には多少の変動もあるようで、このため諸説もあって、『万葉集』の記事から十市・城上郡あたりとみる説とか、摂津・和泉の大阪湾沿岸辺りとかと言われ、紀伊に起源があるともみられている。上古代から物部氏とともに「大連」となって軍事・警衛の伴造として国政の中枢にあり、五世紀以降の古代で多くの朝廷高官を輩出した。一族と称する諸氏は、倭建命の東西の遠征に随行したことに起因してか、北は陸奥から南は九州南部まで日本列島の東西、南北に広く及んでいる。傾向的には、大伴系は東日本に多く、久米系は西日本に多く分布する。

五世紀後半頃に活動した大伴室屋が雄略朝に大連となり、六世紀には金村が大連となり、継体天皇擁立に功があったが、朝鮮経営に関連して失脚した。その後でも、朝廷の大夫を続いて出して一

築坂邑伝承地の石碑（橿原市鳥屋町）

定の勢力を保ち、大化改新では右大臣に任じた長徳が出た。その兄弟の馬来田《まくだ》や吹負《ふけい》など大伴一族は壬申の乱で大活躍して、大伴氏の中興期となり、文武朝以降は御行、安麻呂、旅人が大納言となり、参議以上の顕官も一族から輩出したが、中納言となった家持以降は、藤原氏との勢力争いの諸事件（橘奈良麻呂の変、藤原種継暗殺事件、承和の変など）のなかで次第に低迷していき、平安前期の相次ぐ諸事件に一族が関与しては負け組になる。それが決定的になったのが、藤原良房による大納言伴善男の没落であった。

大伴氏は佐伯氏や久米氏とも同族であったが、この辺の位置づけについても諸説分かれる。地方では、東北地方に大伴部、靫負大伴部（靫大部）など大伴氏に密接な関係がある部民が古代に多く分布し、奈良時代には陸奥各地の郡司クラスの豪族で見られる。

これまでの主な大伴氏研究

戦後の考古遺跡発掘が続くなかでも、大伴氏関係とみられるものが殆どないこともあって、これまでこの関係で大伴氏が特別な脚光を浴びることはなかった。歴史として親しまれる武家の登場以降の時代においては、有名人の活躍がほとんどなかった。中世武家としての活動がほとんど見られないということである。また、オオトモと言っても必ずしも同族とは限らない事情などがあって、これらが大伴氏を比較的地味な存在にして他氏族と紛らわしくしている理由であろう。

姓氏・苗字の大家、太田亮博士は、『姓氏家系大辞典』オホトモ条で、「大伴氏とは単に道臣命の後裔なる大連家の大伴氏に限らざるなり。其の他、膳の大伴氏あり、又三河の大伴氏あり、此等も単に、大伴氏とのみあれば、よく々々注意せざるべからず」と注意を発している。この言にあるように、大伴氏の検討の際の注意点が十分述べられているが、この辺がどうも学究たちにしっかり理解されてこなかったきらいがないでもない。

大伴氏については、これまで少し見てきただけでも歴史的に重要な氏族であったことが分るが、歴史学者による研究・調査はあまり多くない。同じ軍事伴造である物部氏と比べると、顕著に少ない。この氏についても、文献史料も考古学資料も総じて乏しいことがあって、しかも、戦後の記紀神話否定の傾向のなかにあっては、上古からの全容・活動を把握することは難しい。氏族研究という場合、本来は後世の子孫たちも含めて長い期間を考慮しなければ、全体的な把握が不可能ではないかと思われるが、これまでの大伴氏研究にあたっては、期間的に見て限定的短期的に行われてきたきらいもある。

そのため、これまで多面的総合的な研究のもとで的確な把握が殆どなされなかった。関連する研究・論考は上記の制約もあって、諸問題の解明のためには量的にも質的にも必ずしも十分なものとはいえない。こうした事情からいっても、本書では、できるかぎり多面的総合的に、歴史の大きな流れのなかでオオトモ氏の具体的な実態解明に努めていきたい。

オオトモ氏の研究については、管見に入った主なものでは次のようにあげられる（順不同）。

概略的な記事としては、太田博士の『姓氏家系大辞典』のオオトモ・クメ氏の関連記事、あるいは佐伯有清博士の『新撰姓氏録の研究』（人物叢書『伴善男』も執筆）などがあげられる。

個別の著作・論考としては、管見に入った主なもの（順不同）としては、

志田諄一氏の「大伴氏」「佐伯氏」（共に『古代氏族の性格と伝承』所収、一九七一年）及び「日本神話と大伴氏・久米氏」（『日本神話と氏族』所収、一九七七年）、直木孝次郎氏の「大伴連と来目直・来目

部」（『日本古代の氏族と天皇』所収、一九六四年）及び『日本古代兵制史の研究』（一九六八年）、上田正昭氏の「戦闘歌舞の伝流―久米歌と久米舞と久米集団と―」（『日本古代国家論究』所収、一九六八年）、溝口睦子氏の『古代氏族の系譜』（一九八七年）、黛弘道氏の「大伴氏と物部氏」（『古代日本の豪族』所収、一九八七年）、高島正人氏の「奈良時代の大伴宿祢氏」（『奈良時代諸氏族の研究』所収、一九八三年）、加藤謙吉氏の「雄略朝以降の王権と大伴・物部両氏」（『大和の豪族と渡来人』所収、二〇〇二年）、角田文衛氏の『王朝の映像』（一九七〇年）、野田嶺志氏の「大伴・物部氏」（『歴史読本』昭和六十一年十月号）、寺沢知子氏の「王権中枢部の実像―大伴氏を中心に」（『古代学研究』一八〇号、二〇〇八年）などがあり、久米氏については、松原弘宣氏の「久米氏についての一考察―伊予来目部小楯を中心にして―」（『日本書紀研究』第十九冊所収、一九九四年）などがある（上記論考の出版元・所収の書などの詳細情報は、最近ではネット検索が可能であり、ここでは省略する。上記の年は論考初出の年ではなく、主に所収本の刊行年を記した）。

これらのうち直木孝次郎氏の『日本古代兵制史の研究』や溝口睦子氏の『古代氏族の系譜』は、一般的な表題とは異なってほぼ全編が大伴氏研究となっている。とくに溝口氏の研究は、大伴氏研究にあたって参考となる指摘・問題意識も多く提示しており（それらすべてに賛同するものではないが）、大伴氏の全般について具体的な系図に基づいて総合研究を試みようとしたという姿勢は、総じて評価するものである（ただ、検討・結論にはいくつかの疑問個所があり、また、誤記・ミスプリントがかなり多くあって惜しまれることも附記しておく）。

これら先学の諸研究については、個別の論点では、評価できるものを各々もっているが、疑問な個所も実のところ種々ある。つまり、『古事記』『日本書紀』（本書では、両書を併せて「記紀」、個別には『記』『書紀』とも表記する）の記事をかなり丸呑みして素朴に受けとったり、あるいはその逆で記紀をハナから否定する姿勢・傾向があったり、造作説とか六世紀以降の史実を元にしたとみる反映説・擬制記事説・政治思想説、あるいは氏族連合説なども多くあって、的確な裏付けをあまりしないまま見解が示されることに疑問がある。また、検討される対象範囲がかなり限定される傾向も見られる。

こうした事情だから、大家の論著であっても、合理的な史料批判のうえで総合的全般的にオオトモ氏を考察し、その全体像・実態を的確に把握しているのだろうかという疑問が、私にはある。また、氏族研究のためには具体的な系図研究が欠かせないが、その辺が疎かだったりもする。戦後の古代史学では津田博士の流れを汲む学究を中心に、記紀などの史料造作とか氏族系譜の「擬制」という表現もかなり頻りに見られるが、これも、総じて論拠のない決めつけ、ないし予断ということが多い。

上記の事情を踏まえて、本書においては、できうるかぎり冷静・合理的に予断を持たずにオオトモ氏について、具体的に究明しようと試みてみる。そして、その検討過程ではこれまでの研究からは思いもつかなかった事情も浮上するので、多少でも我慢して最後まで本書を読んでいただければ、と願う次第でもある。

なお、戦後の歴史学界で否定的に取り扱われてきた神武天皇や神功皇后あるいは武内宿祢などについて、ハナから否定する津田学説とその亜流研究者の姿勢は学問的に疑問が大きいが、ここでは議論・論及をあまりしないので、この辺に関心がある方は、拙著『「神武東征」の原像』『神功皇后と天日矛の伝承』や本「古代氏族の研究」シリーズの『葛城氏』をご参照願いたい。

大伴氏関係の系図史料と『古屋家家譜』

大伴氏族についての系図史料も、他の古代氏族と同様、良質なものがきわめて乏しい事情にあり、このことは、『姓氏家系大辞典』のオホトモ（大伴）の項目の記事でも示される。『尊卑分脈』には大伴氏の系図があげられず、『続群書類従』巻百八十二に所収の「大伴系図」「伴氏系図」（正本、別本で合計四編）「鶴岡社職系図」、『系図綜覧』下巻に所収の「大伴宿祢系図」「伴氏系譜」「伴氏系図」という中世ないし近世の系図（両書の原本の多くは『諸家系図纂』にある）くらいしか、系図研究の大家であった太田博士にあっても、把握されていなかった。これらは、三河や近江の中世豪族の家で伝えられたか、鎌倉の鶴岡社職の家に伝えられたものである。しかも、三河や近江の大伴氏後裔と称した家が、本当に大伴氏後裔であったかについては疑問がある（後述）。

あとは、記紀、六国史や『新撰姓氏録』（以下では『姓氏録』ともいう）、『公卿補任』などの大伴氏関係の部分くらいであった。上記高島正人氏の論考でも、奈良期の大伴氏の具体的な系図にはあまり明確になっていない。ましてや、古代氏族の系図をあまり打ち込んだ研究をしない論者（学究でも、この傾向が多く見られる）においては、大伴氏の系図の全体像についてますます不明なことが多いことになる。

ところが、鎌田純一氏執筆の『甲斐国一之宮 浅間神社誌』が昭和五四年（一九七九）に刊行されて、その史料篇に社家系譜（『世系略譜』『古屋家家譜』『降屋家系譜』の三編）が掲載された。それが佐伯有清氏の目にとまって、その大著『新撰姓氏録の研究　考証篇第三』（一九八二年刊）のなかで、『古屋家家譜』のはじめのほう天長年間（八二四～八三四年）までの部分が転載・紹介されている。この系図が田中卓博士や溝口睦子氏らから研究されて比較的信頼性が高いものと評価され、大伴氏の系譜と氏族研究は新たな展開を迎えた。だから、この『古屋家家譜』を踏まえた検討かどうかにより、内容的に随分違いが出てくる。

同家譜について、溝口睦子氏は、「近年新たに出現した、大伴氏の秀れた古系譜」と評価し、「今まで全く世に知られない系譜書」と記するが（『古代氏族の系譜』）、実は、『古屋家家譜』などを含む甲斐の大伴氏一族の関係系図は、明治期に既に鈴木真年・中田憲信の収集するところであり、その系図集のなかには同家譜の範囲を超えた内容で、この一族について十分な記載がある。私は、田中卓博士から同家譜の原本写しの一部を拝受し、それが真年翁の筆跡であることを確認した。ところが、真年・憲信による大部な系図集のなかに大伴氏の系図があるので、そのなかに埋もれてしまっていた。そのうえ、総じて真年などの系図研究者に対する評価も低かったことで、世に知られていなかった。だから、鎌田純一氏や佐伯有清氏の紹介は、同家譜の「再発掘」であるが、世に広く知らしめた意味で高く評価されても良い。

この『古屋家家譜』は、神代の高皇産霊尊から始まり、天押日命や道臣命などを経て、幕末・明治初期頃の浅間神社宮司古屋左馬真世まで及ぶものであり、別途、この真世から三代目（曾孫）の真弘までの記載が『降屋家系譜』にあって、それが昭和二十年夏に写されている。この系図の評価や信頼性についていては、後ろで詳しく検討することにしたい。

このほか、こまめにいろいろ史料を探していくと、断片的にせよ、大伴氏関係の系図がかなりある。上記の鈴木真年・中田憲信関係の系図史料集には、いくつか大伴氏関係についての系図があるなど、中世武家・近世官人まで広く含めると、大伴氏研究に当たって考慮すべき系図がないわけではない。具体的にいうと、上記のほか、管見に入った主なところでは次のとおり。

①真年・憲信関係の系図では、真年編の『百家系図』の巻五九に「大伴宿祢」（長徳兄弟以降の奈良・平安期の大伴一族の詳系が記載。良本だが、原典は不明）があるほか、巻六に「土井」、巻五三に「住友」、巻五四に「池田、滝川」、『百家系図稿』には巻二に「伴」、巻三に「設楽」、巻六「石井」。中田憲信編のほうでは、『各家系譜』六、『諸系譜』第四冊の「甲州伴氏」、第六冊に「八代郡伴直姓」、第廿五冊の「山岡系図」など。

また、一族の佐伯氏関係では、憲信編の『諸系譜』第八冊の「佐伯宿祢」など。

②『伴党水党並甲賀侍由緒書』（内閣文庫蔵）

③『姓氏分脈』廿七、雑一の「大伴宿祢姓」（静嘉堂文庫蔵）

④『地下家伝』七の主殿寮伴氏

⑤『山岡氏系図』（東大史料編纂所蔵）

⑥『系譜広録』「諸姓分流」には第二三巻に「滝川系図」、第三十巻に「上野系図」（東洋文庫蔵）

以上のほか、『系図纂要』『寛永諸家系図伝』『寛政重脩諸家譜』などにも中世・近世の大伴氏後裔諸氏（主に三河の伴氏系統の幕臣の諸氏）の系図が所収される。本書の検討にあたっては、これら系図も適宜、参照したい。

といったところが関係系図の概観で、今までのところ、これらが大伴氏族についての古代部分に関する主要な系図であり、中世・近世の大伴氏後裔諸氏（後裔と称する氏も含む）について管見に入ったもののほぼ全てである。しかも、これら系譜や所伝がかなりマチマチでもあるので、記紀や『新

第1図　大伴氏の概略系図　※一般に想定されている形

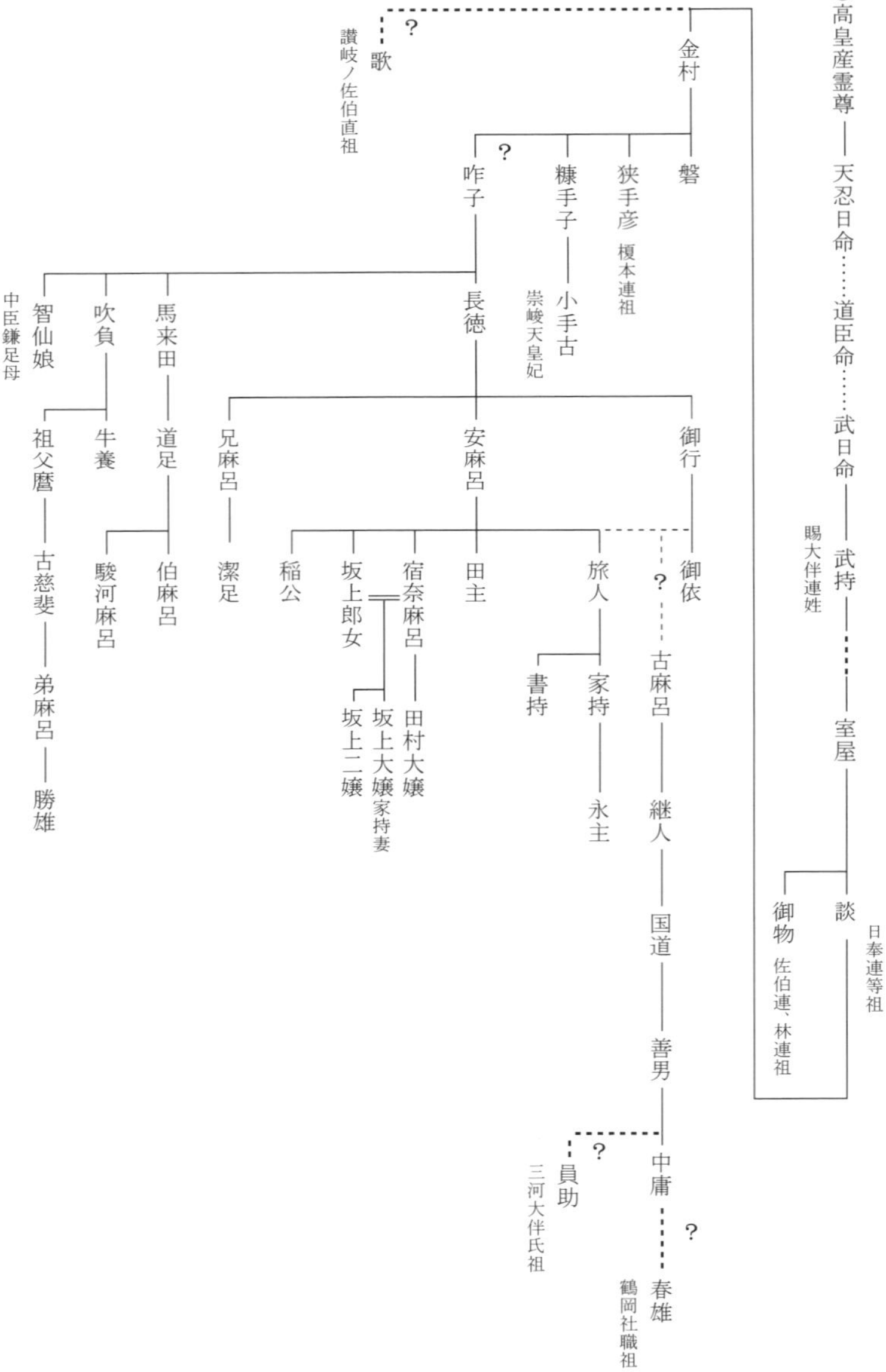

撰姓氏録』、各種文献資料などと比較検討しつつ、整合性のある理解に努めなければならない事情もある。全国に分布するオオトモ氏にあっては、中央の大伴連の流れとは別流・別系統のものもあり、この辺にも十分留意していきたい。

本書の流れや記事を理解していただくために、上記の大伴氏部分等を踏まえて、初期大伴氏について比較的通行する系図の概略を先ずあげておく。なお、この第1図が大伴氏の正しい系図ということではなく、従来の一応の目安、本書で検討の叩き台ということであり、巻末では大伴氏族検討後の系譜（推定を含む試案。第2図）もあげることにしたい。

大伴氏族諸氏に関する問題点

大伴氏の全体像についていては、検討してみると日本列島の当初からの原住民から出たとみられる要素がいくつかあり、関連する諸氏族が実は多くあって、把握がこれまで的確になされてこなかった事情がある。また、長い期間にわたり地域的にも活動範囲も広いため、この氏族に関する問題点は大きく、かつ数多いが、そのうち主な問題を以下に順不同で列挙する。これら問題点については、本書ではどこまで解明できるかという課題があり、本書を読んでいただくうえでの主な問題意識にもなるものである。

○大伴氏の先祖の神代での活動は、史実として信頼できるのか。これは、天孫降臨の際に大伴氏の先祖の天忍日命がその先導をつとめたなどと記紀に見えるが、この伝承の史実性があるかどうかという問題にもつながる。

○大伴氏が神別として、その遠祖はどこまで辿れるのか。系譜上の遠祖を高皇産霊尊としており、太田亮博士も言うように「古典の記事一致して、一の異説もある事なし」とされるが、この系譜は正しいのか。

○神武創業の功臣、道臣命は実在したのか。その異名はなかったのか。上古人には同人が複数の異名を伝えることが多いが、これは、大伴氏と久米氏との関係問題にもつながる。

○大伴氏が神別で遠祖が遥か昔から日本列島にあったのなら、ほかに古代氏族で同族がいなかったのか。

○大伴氏一族の倭建命遠征随行の伝承は史実か。遠征にあたって一族はどのように行動し、行軍は陸奥ではどこまで行ったか。陸奥の大伴部を名乗る諸族の系譜はどうか。

○大伴氏の古代の本拠地はどこか。大和の高市郡のほか諸説あることは、先に述べた。

○大伴氏の発祥地は近畿地方ではどこだったのか。その先の先祖が神話時代に活動したとしたら、それはどこだったのか。

○大伴氏の氏の名は職掌に因るとしても、太田亮博士がいう「膳の大伴氏」などとの識別はどう考えるのか。

○大伴氏の一族諸氏とその分布はどうだったのか。

○大伴氏と佐伯連氏との関係はどうか。讃岐の佐伯直氏は大伴氏同族か。地方の大伴部直氏とはどうだったのか。「佐伯」の語義はなにか。

○大伴氏関係の古墳・墳墓や寺院にはどのようなものがあるか。

○大伴氏の活動が室屋大連より前がかなり長い期間、中央の政治になぜ現れないのか。この氏の実際の発生は遅かったのか。
○大伴一族で韓地で活動した者とその後裔はどうだったのか。これは、談連や狭手彦連の後裔の問題でもある。
○平安中期以降の大伴氏の活動はどうだったのか。その系譜は残るのか。近世まで朝廷の官人として残った家があったのか、その動向はどうだったか。
○三河や伊賀・近江で勢力があった伴氏は、古代大伴氏の流れだったのか。伊賀の伴氏一族からは、信長の臣の滝川一益などが出ているが、その系譜はどうか。ほかに、有力な中世武家はなかったのか。
○大隅など南九州の大伴氏後裔という諸氏は、中央の大伴氏との系譜関係があったのか。

二　倭建遠征随行と大伴氏族諸氏の陸奥分布

大伴氏の起源

戦後の歴史学界では、景行天皇の皇子の倭建命（日本武尊）は、その存在も事績も簡単に否定されてきた。ところが、この見直しを迫る史料記事が先に述べた『古屋家家譜』に見える。

大伴氏の初祖ともいうべき存在が**武日命**《たけひ》で、健日命にも作るが、この者は、垂仁朝に阿倍臣の祖の武渟川別命ら四人とともに大夫に任じられ、次の景行朝ではその四十年（現在の年数に換算すると、景行即位後十年ほどの時期か）に倭建命の東征に従軍し、その帰路に甲斐国酒折宮《さかおり》（山梨県甲府市酒折町の地）で「靫部」（ゆげいのとも）を賜ったと『日本書紀』（以下は、たんに『書紀』として引用する）に見える。

この先祖伝承は、『三代実録』貞観三年（八六一）の伴善男の奏言にも見えて、「先祖大伴健日連公、景行天皇の御世、倭武命に随い、東国を平定す。功勲、世を蓋《おお》う」と述べられて、先祖健日の功績を誇っている。「靫部」とは「靫大伴部」の略であり、このとき賜った部民と職掌に因って、初めて「大伴」を氏の名とすることになった。この話しは、『古屋家家譜』にも武日命の事績として記事がある。

武日命が東征に従軍してその後どうなったのかを記すものはないが、帰途に伊勢で薨じた倭建命とは異なり、おそらく無事、大和に帰還したのではなかろうか。その話しは、また後ろで墳墓と副葬品に関して取り上げる。

乎多氏命の陸奥駐屯

大伴氏の始祖、武日命の弟に乎多氏命《おたて》（名は、兄の「建日」に対応する「小建」の意か）という者がおり、『古屋家家譜』のみに見える。この者については、その譜注記事が「日本武尊の東征の軍に従ひて、陸奥国**小田郡島田邑**に駐り、東夷を鎮むるなり」とあって、遠征先の陸奥国小田郡に留まって蝦夷に引き続き当たり、靫大伴部・大伴行方《なめかた》連・大伴白河連等の祖だと記される。武日命の子の蚊手連については、五百木《いおき》部・大伴亘理《わたり》連等の祖、その弟の阿古連は丸子《まるこ》部・道嶋宿祢・大伴安積連等祖とし、武日命の孫（建持の子）に掲げる長目連について大田部・白髪部祖、と記される。このように、陸奥方面に大伴氏の一族と称する諸氏が多く分布する。

靫大伴部は、陸奥国小田郡ばかりでなく、その南方近隣の黒川郡やさらに南方の白河郡にもあって、それらの地の八人が神護景雲三年（七六九）に靫大伴連を賜姓し（『続日本紀』）、後裔にあたる黒川郡大領の靫伴連黒成が承和十年（八四三）に外従五位下に叙せられた（『続日本後紀』）と見えており、これらは皆、同族とみられる。丸子部については、小田郡の大領としても丸子部勝麻呂が見えるが（『続日本紀』延暦四年条に叙外従五位下）、大伴部の前の時期からの呼称であった可能性もある。大伴部（相模、房総、常陸、陸奥、出羽、信濃など）に限らず、東国の丸子（椀子、鞠子も同じ）の地名・神社名（駿河、相模、武蔵、常陸、陸前、出羽、信濃、越前など）及び丸子部・丸子連（東国の上記諸国のほか、房総にも見える）の人名の分布は、大伴一族の東征随行の足跡を示唆する。

これら『古屋家家譜』にあげる姓氏が陸奥国関係であることは、『続日本紀』の神護景雲三年三月十三日条、『日本後紀』の延暦十六年正月十三日条等から知られる。これらの記事には、陸奥国のうち、磐城地方の白河・行方・亘理・刈田の諸郡、岩代地方の磐瀬・安積両郡、陸前地方の柴田・黒川・富田（後に色麻郡の一部）・遠田・牡鹿・小田の諸郡に、武日命の子弟の後裔と称する者の分布が具体的に見える。これら一族分布のほぼ北限が小田郡であった。このほか、丸子郷（村）の所在から安積・安達両郡に大伴一族との関係が窺われ、大伴宮城連の賜姓からは宮城郡もそうである。

これら諸郡を結んでみると、常陸国から久慈川を溯上して陸奥国に入り、白河郡でこんどは阿武隈川に沿って北の方向へ下り、その下流地から仙台湾沿いに北上して小田郡ないし桃生・牡鹿郡に至る形となる。こうした一連の道筋が浮かび上がるが、これが倭建東征がなされたときの経路であったのだろう。この一例で見るように、戦後の古代史学界で否定されてきた倭建東征は、現実に大伴一族が随行して行われ、後世まで各地にその影響が残っていた。溝口睦子氏は、磐城地方の白河・行方郡の大伴白河連・大伴行方連が「小田郡島田邑」との関連が見られないと言うが、これは、倭建東征の事実を否定するからにすぎない。上記の経路から見れば、自然な流れであろう。

遠征の北限となる古代の小田郡は、現在の宮城県遠田郡涌谷《わくや》町

久慈川（茨城県久慈郡）

一帯とみられる。涌谷町には篦岳山《ののだけさん》（標高二三二メートル）という山があり、その東方十キロほどを流れる北上川の本支流が形成した宮城県北部の平野部のほぼ中央に位置する。篦岳山頂からは四囲一帯の展望ができ、私もかつて現地に臨み周辺を見てきた経験がある。この山にある篦峰寺《こんぽうじ》の白山堂は、大伴家持の再イトコで陸奥守兼鎮守将軍（在任が七七二～六年）の大伴駿河麻呂が建立したといい、山頂の神楽岡には観音堂があって、坂上田村麻呂が東征の際に建立して奥州の鎮護としたと伝える事情もある。小田郡は古来、蝦夷鎮定の要地であった。

　乎多氏命らが駐屯した島田邑の比定地は不明であるが、篦岳山中心の地域（西側の涌谷町・旧小牛田町あたりか）であろう。同山の東方近隣で北上川西岸の桃生郡太田（現石巻市）には、式内社の日高見神社（日高見水神）があるから、この辺り一帯は、武内宿祢が往訪したという「日高見国」でもあった。

日高見神社（宮城県石巻市桃生町）＝「神社人」提供＝

篦岳山頂からの展望。北上川の流れと仙台平野が見える

これと符合するように、陸奥における前期古墳文化の展開は、宮城県の大崎平野をほぼ北限としており（古墳最北端は胆沢城跡に近在の後期古墳頃の角塚古墳〔岩手県奥州市胆沢区〕だが、この古墳は大きく北に突出して孤立的例外的な存在）、これが倭建東征の北限ともほぼ対応する。大崎市古川（旧志太郡域）の青塚古墳（全長約百メートル）からは、底部穿孔二重口縁壺が出た。その北西にある石の梅古墳（旧玉造郡鳴子町、現大崎市）が前方後方墳の分布北限にあり、青塚の東南近隣の京銭塚古墳（旧遠田郡小牛田町、現同郡美里町。全長約六六メートル）も前方後方墳であって、両墳はともに青塚に若干先行する模様である。これらは倭建東征関係者の墳墓とみられ、地域的に見て、京銭塚は大伴一族、石の梅・青塚は玉作部に関連する古墳か。

俘囚大伴部押人の上奏

『古屋家家譜』の乎多氏命の記事の信憑性を裏付ける史料が『続日本紀』に見える。それは、神護景雲三年（七六九）十一月廿五日条の記事であり、それによると、陸奥国牡鹿郡の俘囚《ふしゅう》、外少初位上勲七等大伴部押人が、「伝え聞くところ、押人等の本は、是れ紀伊国名草郡片岡里人なり。昔し先祖大伴部直征夷の時、小田郡島田村に到りて居したが、その後、子孫は蝦夷のために虜《とら》えられ、歴代が俘となる。幸いに聖朝に頼りて運を撫し、神武辺を威すに、かの虜庭を抜きて久しく皇化の民となる。望み請いらくは、俘囚の名を除きて調庸の民とならん」と申し立て、これを許されている。

この押人の言にある紀伊国名草郡片岡里人の先祖とは、神武創業の功臣であった大伴連の遠祖・道臣命のことであり（「大伴部直」という表記はおかしいが）、『古屋家家譜』の道臣命の記事でも同様に記されて符合する。次ぎに先祖の乎多氏命の小田郡島田村駐留についてふれ、その子孫が当地に残ったものの、蝦夷の反攻もあってその虜囚となり、押人までの歴代が経過するなかで、久方ぶりに大和朝廷の勢力下に戻ったので、蝦夷につけられる「俘囚」（懐柔のために課税免除の扱いがある）という位置づけを変更して、調庸を納める民としてほしいと申し立てた、と解される。

奈良時代の蝦夷鎮護は、小田郡の南方の多賀城（宮城県多賀城市市川あたりに位置し、陸奥国府や鎮守府として機能）であった。天平宝字六年（七六二）建立の多賀城碑には、「蝦夷の国界を去ること一百廿里（約六五キロ）」と見える。八世紀半ばの蝦夷との国境が宮城・岩手の県境辺り（小田郡から約三〇キロ北方）だとされ、四世紀半ば頃の倭建遠征の北限から四世紀経っても、これがあまり北進していない。この期間、大和王権と蝦夷との両方の勢力が一進一退した経緯のなかで、大伴部押人の先祖が蝦夷に服属して俘囚となったとみられる。『日本後紀』の弘仁三年・六年（八一二・八一五）には、遠田・小田両郡に居住の田夷、竹城公などが多数、改賜姓により公民となった記事が見えるが、上記の大伴部押人の言と符合する。

こうした陸奥の大伴一族とその賜姓については、学界では例のごとく「系譜擬制」とみて、大伴一族とするのは事実ではなく系譜仮冒とみる見解もあるが、疑問が大きい。これまで見てきた伝承の確かさと、現実に六国史に見える大伴氏族の分布の意味を検討すると、倭建命の陸奥遠征と大伴一族あげての随行・従軍、陸奥に残った大伴氏後裔という系譜伝承は史実だと考えられる。後世の人がいかに巧みに上古の話を創り上げても、これほど自然に物語を編成できるものではないからである。

栄原永遠男氏も『和歌山県史　原始・古代』（一九九四年刊）で、俘囚から調庸民への変換を求めるのに遠くの紀伊を引き合いに出す必要がなく、名草郡片岡里をあげるほど話しが具体的であるのだから、大伴部押人の言が事実に基づく可能性があると考えている。溝口睦子氏は、大伴氏の実系が続いているとはみないで、大伴部押人が大伴氏同族の本系の「原本を、何らかの方法で入手して、それに一部書替えや書加えを行い、さらにそのどこかに自己の系譜を接着して、新しく大伴氏の同族としての自己の系譜を作成した」と断定するが、これは極めて疑問である。大伴部押人の具体的な系図は他にはまったく知られず、その造作行為も同様にまったく痕跡がないので、溝口氏の想像にすぎないからである。こうした行為ができそうなのは、『古屋家家譜』を伝えた甲斐の伴直氏だけであることに留意したい。これについては、後ろでまた触れることにする。

陸奥の丸子部と道嶋宿祢の発展

遠征先北限の陸奥の地に残った丸子部は、主に牡鹿・桃生両郡（宮城県の牡鹿・桃生郡、石巻市）に居住した。それが、奈良時代におおいに発展する。その代表者が**道嶋宿祢嶋足**であり、初めは丸子嶋足と名乗って大初位下（大初位は、従八位の下、少初位の上の位階）であったが、天平勝宝五年（七五三）に牡鹿連の氏姓を賜り、のちに上京して武人として台頭した。同九年（七五七）の橘奈良麻呂の乱に際しては、中央の大伴同族、陸奥守佐伯全成や鎮守将軍大伴古麻呂が奈良麻呂方に与したのに対し、牡鹿嶋足は藤原仲麻呂（恵美押勝）方の武力としてあった。これに続く、恵美押勝の乱では押勝の子の訓儒麻呂《くずまろ》を射殺した功で従七位上から一躍従四位下勲二等に叙せられ、宿祢姓を賜り、功田二十町を加賜された。翌天平神護元年（七六五）には近衛員外将となり、道嶋宿祢氏を名乗り、翌年には正四位下、正四位上と異例の累進をした。神護景雲元年（七六七）に伊治城《これはる》（宮城県栗原市〔もと栗原郡築館町〕築館城生野に城跡）が完成したとき、現地にあった同族陸奥少掾道嶋宿祢三山（嶋足の近親で兄弟か）が陸奥国造となり、嶋足はその上に位置する大国造となった。

宝亀五年（七七四）になって桃生城《ものう》（宮城県石巻市〔もと桃生郡河北町〕飯野に城跡）が蝦夷に攻撃され、同十一年（七八〇）には伊治城《これはる》では伊治公呰麻呂《あざまろ》の乱が起こって、牡鹿郡大領の道嶋大楯が殺害され、多賀城も攻略された。こうした時期に嶋足は近衛員外中将や相模守・下総守・播磨守等をつとめており、延暦二年（七八三）の正月に死去した。その卒伝が『続日本紀』に見えるが、「体貌雄壮にして、志気は驍武で、もとより馳射を善くす」と評される。この者と一族については、井上光貞氏が論考「陸奥の族長、道嶋宿祢について」（『日本古代国家の研究』に所収）で検討を加えている。

道嶋宿祢三山は、その後、陸奥大掾から鎮守軍監を兼ね、神護景雲三年（七六七）には陸奥員外介となった。嶋足が中央の顕官として出世していくなか、三山は現地で陸奥国府と鎮守府の要職に就いて、現地社会の律令化を進めた人物と評価されている。

この次の世代が道嶋宿祢御楯であり、嶋足、三山、大楯の近親にあたる者であろう。延暦十五年（七九六）には陸奥国人従五位下の道嶋宿祢赤龍が右京に貫されているから、この赤龍が嶋足の嫡子で、御楯は現地にあった三山か大楯の子ではなかろうか。右京の道嶋宿祢は『新撰姓氏録』には掲げられないから、早くに勢力が衰えたものか。それでも、天長十年（八三三）正月に道嶋宿祢人永が外従五位下を受け（『類聚国史』）、少し降って道嶋宿祢滝嶋が天安元年（八五七）に外従五位下を受け、近江介・右馬助を経て貞観八年（八六六）には従五位下を受けている（『文徳実録』『三代実録』）。さらに降った延喜十六年（九一六）正月には「史生道嶋滋蔭」が『類聚符宣抄』巻十に見える。陸奥から右京に移貫した道嶋宿祢氏は、普通の下級官人になり、更に消えていったということでもある。

陸奥のほうでは道嶋宿祢御楯は、延暦八年（七八九）に征東将軍紀古佐美指揮下の別将として胆沢地域の攻略戦に参加し、そののち征夷大将軍坂上田村麻呂の蝦夷征討軍に加わり、延暦二十一年には鎮守軍監外従五位下から陸奥大国造となり、同二十三年には征夷副将軍、大同三年（八〇八）には鎮守副将軍となった。このように、道嶋宿祢の一族は、桓武・平城両朝には現地族長層を代表して蝦夷社会経営に大きな役割を果たした。

道嶋宿祢氏で見えるのはここまでであり、平安中期以降には陸奥でも『陸奥話記』などの史料に姿を見せないから、衰退したとみられている。それだけに、八世紀後半から九世紀前葉頃にかけての活動には刮目される。ただ、その行方を示唆するものもないではなく、地域的に考えて、桃生郡の照井氏は族裔であった可能性があろう。

これをもう少し述べると、『矢本町誌』（旧矢本町（現宮城県東松島市矢本地区）の町誌）では、牡鹿郡の郡衙所在地の中でも更に有力候補とされる「星場遺跡」について、「出土遺跡は古墳時代のはじめからあり、奈良時代に中心をおき、平安時代中期頃までつづいている」と記される。

この赤井星場遺跡（旧矢本町域で、古代には牡鹿郡に

赤井遺跡（宮城県東松島市字照井中・星場他）＝ホームページ「酔牛庵」提供

含まれた）からは「舎人」「大舎人」と墨書された須恵器（高杯付杯）が発見され、豪族道嶋一族の居館とも関連づけて考えられている。この付近の祇園社（現・須賀神社）は、平泉藤原秀衡の家臣照井太郎の勧請と伝えており、徳治三年（一三〇八）銘の板碑があって、同氏の供養碑と伝える。赤井には照井の小字があり、西方近隣の小松にも照井太郎高直とその妻の伝説のある手招八幡社がある。太田亮博士は照井氏は磐井郡照井邑より起るとし、泰衡家臣の照井太郎高春の後というとして、登米郡佐沼北方邑古累、玉造郡下野目邑古館及び磐井郡清水邑二桜城等は、いずれも文治の春、高春が拠った地と伝えられる、と記す（『姓氏家系大辞典』）。

この記述から、照井氏の勢力が相当に大きかったことが窺われるが、登米郡の古塁とも考え併せて、桃生郡の照井が起源の地と考えたい。そうすると、照井氏を古代道嶋一族の末流とみるのが自然となる。このような形で、古代陸奥大国造の後が残っていたとしたら、頼朝の奥州以前は多賀城にあって民政に預かり、大河兼任の乱に同心した当地の留守職親子は、照井氏の一族だった可能性もある。

出羽にも丸子（鳥海山西南麓。現・飽海郡遊佐町北目丸子）の地名と丸子氏があって、当国の留守職をつとめ飽海郡大物忌神社社司として鳥海山の神領を支配した。承久二年（一二二〇）十二月の関東御教書により、出羽の新留守職が北目地頭を兼ねたことが知られる。

倭建遠征の目的としての金探索

大伴一族は総力をあげて倭建の蝦夷征討に従軍し、陸奥地域を主体に、その遠征経路に拠点を確保しては一族を残して配置した。陸奥国小田郡から天平二一年（七四九）に金が産したのに賀して、大伴家持の歌った長歌（『万葉集』巻十八、歌番四〇九四）の一部に「海行かば水漬《みづ》く屍《かばね》、山行かば草生《くさむ》す屍、大君の辺《へ》にこそ死なめ、顧《かへり》みはせじ」という有名な語句もある。倭建東征時の先祖の覚悟を推し量って歌ったものであるが、それは、このときの遠征随行が大伴氏にとってたいへんな事業であったとして、長く一族に伝えられたものであろう。

先に述べた大伴一族や大伴部等の分布、関係神社の分布等から、倭建の東征コースを具体的に見ていくと、遠征伝承は駿河あたりから始まるが、当地の田子の浦（天平勝宝二年〔七五〇〕に産金の記事あり）をはじめとして、常陸・陸奥（白河郡の八溝嶺黄金神）や東国での帰路の中間最終地の甲斐など、行く先々に産金地が多く含まれていた。福島・茨城・栃木三県にまたがる八溝山には式内社の八溝嶺神社（茨城県久慈郡大子町）があり、倭建命の異賊討伐伝承がある。それとともに、承和三年（八三六）には山中から採取の砂金が国司から献上され、これが遣唐使派遣の資金として役立ったと見える（『続日本後紀』）。八溝山から流れ出す武茂《むも》川周辺でも砂金産出があり、武部の地にある式内社・健武山《たけぶやま》神社（武茂神。栃木県那須郡馬頭町）は承和二年に沙金を採る山に鎮座するということで神階を受けたが（『続日本後紀』）、古く天平期にも産金伝承がある。甲斐では、塩山市北方の「黒川金山」などが武田信玄の隠し金山として知られる。信濃で倭建本隊と分かれた吉備武彦の別部隊が、飛騨の神岡鉱山を経て越に入っている事情もある。

こうした諸事情からみて、遠征の目的がたんなる蝦夷征討ではなく、金などの鉱物資源の確保という目的も強くあったとみられる。だから、陸奥での産金地の小田郡に大伴氏一族を駐留させたことは、当時既に産金を知っていた可能性すら考えられる。天平勝宝元年（七四九）閏五月に産金の行賞を受けた者のなかに、獲金者の一人として小田郡人の丸子連宮麻呂があげられるが、先祖以来の伝えがこの家にあったのであろう（更に後述参照）。

大伴氏と久米氏の関係

家持の長歌（歌番四〇九四）の上記引用部分の少し前には、「大伴の遠つ神祖の　その名をば大来《おおく》目主《めぬし》と負ひ持ちて」という重要な語句もあって、これは、神武即位前紀の「大伴氏の遠祖日臣《ひのおみ》命が大来目を率いた」という記事に通じる。同じ家持が「族《うから》を喩《さと》す歌」（同集巻二十－歌番四四六五）においても、神武東征のときの日臣命の道案内と大和鎮定の故事が、「久方の天の戸開き……大久米の大夫健男を先に立て　靫取り負ほせ　山川を磐根さくみて踏みとほり　国覓《まぎ》しつつ　千早ぶる神を言向け　まつろはぬ人をも和《やは》し…」と歌われている。日臣命はこのときの功で「道臣命」と呼ばれたというが、「日臣」も実名とはいい難い（おそらく、祭祀に因む通称だったか）。

大伴氏と久米氏との関係については、古くから歴史学界で議論があった。現在でも見解がまとまらず、志田諄一氏や加藤謙吉氏の論考に見るように、久米氏や上記長歌の語句を誤解した捉え方がある。この問題で議論が紛糾したのは、要は、大伴・久米両氏の系譜や祖神についての理解・知識が学究に乏しかったためである。

ここでは結論を先にあげると、家持の両長歌に見られるように、大伴・久米両氏は同族であって、天岩戸を開けたと高天原神話に見える手力男《たぢからお》命（手力雄命。天石門別命）の後裔で、崇神前代の時期（三世紀後葉頃か）に分岐した系譜関係にあり、分岐当時は久米氏のほうが本宗筋であったようである。かつての説では、宣長のような大伴連・来目直の対等説は疑問であり、大伴連が来目直・来目部を支配したとする平田篤胤の唱えた説は正確とは言えない。高橋富雄氏の説では、大伴・来目は同族で、本宗大伴と支族来目という分化が五世紀半ば頃に起こったというが、基本的把握は正しくとも、この説の両氏の分岐時期などには疑問がある。

先にあげた『古屋家家譜』では、道臣命の五代祖先に天石門別安国玉主命をあげ、「一名大刀辛雄命」と記されており、九頭神社で祀られる大国栖玉命に当たるともされる。久米氏の系図のほうは、中田憲信編の『諸系譜』第二冊・第十五冊などに「波多門部造《はたのかどべ》」系図として神代からのものが見えており、ここに見える「麻戸《まと》明主《あかるぬし》命」（「麻戸明＋主」は「窓開ける者」の意）が手力雄命に当たる神である。福岡県北九州市若松区にある戸明《とあけ》神社も長野県の戸隠神社も、同じく天手力雄大神を祀る。「波多門部造」の系図は淡路二ノ宮の大和大国魂神社祠官一族に伝来してきたものであり、真年・憲信関係系図の再発掘のなかで共にしっかり再評価される必要がある。

同系図に拠ると、神武東征に従った大久米命及びその三代祖先に見える「麻戸明主命」の両者ともに安牟須比《やすむすび》命（移受牟受比命。両神の同一性は飯田武郷が早くに指摘）の子孫に位置づけられている。大伴氏・道臣命の父が「大脊脛《おおせはぎ》命」という別名をもつが、これが久米氏の七掬脛《ななつかはぎ》の名に通じる事情もある。大伴氏が宮門警衛の役割を担ったが、久米氏族からも同様の職掌をもつ「**門部連**」（『姓氏録』では大和神別に掲載）が出て、その先祖を「牟須比命の児、安牟須比命」と伝える。紀伊に伝わる『丹生祝文《にふのはふり》』（和歌山県伊都郡かつらぎ町にある丹生都比売神社に伝わる文書）でも、「安魂命は門部連等の祖」と見える。同じく久米一族には「波多門部造」（右京神別）もあって、こちらは神魂命を祖神と伝える。大伴氏の居住地とされる築坂《つきさか》邑と来目邑は、それぞれ現在の橿原市の鳥屋町と久米町に比定されており、橿原神宮の南近隣に位置して両地（鳥屋町のほうが西側）が接していて一帯として捉えられる事情もある。なお、分岐後の久米氏一族については後ろで詳述する。

倭建命に随行したと『書紀』景行四十年条に見えるのが、久米直の祖・七拳脛と大伴連の祖・武日であった。この両者は再従兄弟くらいの親族関係にあって、神武朝の記紀に見える道臣命（日臣命）と大久米命（大来目主命）とは同人異名ということである。だから、『書紀』には神武紀のなかに大久米命は登場しないし、天孫降臨の時には大伴氏の遠祖・天忍日が「天串津《あめのくしつ》大来目」（来目部の先祖）を率いたと記される。宮城県の七ヶ浜半島の東端に鼻節《はなぶし》神社（式内名神大社。宮城郡七ヶ浜町花渕）があり、その祭神が『惣国風土記』等では多力雄神とされる。境内社には山神社などもある。大伴氏や久米氏は山部連と同族であり、日本列島古来の住民・山祇《やまつみ》族の系統に属していた。陸奥には多力雄神を祀る社として、白河郡の式内・伊波止和気《イハトワケ》神社（福島県石川郡古殿町。「岩戸開け」の意か）などがある。

久米部族は、中臣氏族と同様、山祇族の流れを汲み、崇神朝の四道将軍派遣の際には、越道でも吉備方面でもその軍事戦力として大きな役割を果たした。東征に見える久米氏のほか、坂戸物部も同じ久米部族の出で倭建に随従したものか。上総国袖ケ浦の坂戸神社は、大伴・久米両部族の祖神手力男《たぢからお》命を祀る。

ただ、注意すべきことは、崇神天皇のときの大和王権

鼻節神社（宮城県七ヵ浜町）＝ Wikipedia

の基礎をつくった四道将軍の軍事力としては、これら将軍の配下の武力としては物部や久米を名乗る部族が働いたものの、将軍・部将などの指揮官として大伴氏や久米氏が働いたわけではなかった（古代の「物部」は、職掌に由来し、むしろ殆どが久米部族だった模様）。この崇神朝の各地平定軍の派遣に際して主力部将として働いたのは、少彦名神系統の氏族（鴨県主と同族の三野前国造の一族）だとみられ、大伴・久米両氏が前面に出てきたのは景行朝の遠征が始めてだったといえそうである。その意味でも、大王・王族の親衛部隊としての役割が大伴・久米両氏にあったといえそうである。

大伴武日命の一族は、倭建の苛酷な東征に従軍してその勢力を消耗したのか、陸奥・東国経営に関わったことでこれら在地に多くあったのか、その辺の事情は不明であるが、武日命の後の数代では、その子の健持が仲哀紀九年条に一回だけ「大伴武以連」として見えるだけであり、これを除くと中央の歴史（史料）には暫くの間、まったく現れない。すなわち、仲哀朝の大伴武以から、次ぎに見える允恭朝～顕宗朝の五朝（『古屋家家譜』による。『書紀』では武烈三年まで登場）の有力者・室屋大連までの中間世代は、五世紀初頭前後ごろの時期に当たるが、大伴氏の家譜自体からも歴代の人名がなぜか欠落している。

大伴氏関係の墳墓

大伴氏の祖・道臣命は神武創業の功臣として、それ以降の大伴氏歴代の主居住地は高市郡の橿原神宮の南方近隣地域あたりにあり（詳しくは後記）、そこから大和の近隣や紀伊国などに支族を分出させていった。本拠地近隣の橿原市西南端部の低丘陵地には新沢千塚《にいざわせんづか》古墳群があり、橿原市鳥屋町の西側近隣に位置するが、この古墳群は大伴・久米氏族に関係するとみられる。

この古墳群には中小墳墓が多いなかで、同群南端にある**新沢五〇〇号墳**（新沢茶臼山古墳。全長六二メートル）に留意される。後円部の主槨はひどく盗掘されていたが、それでも玉類・車輪石・琴柱形石製品が出土し、盗掘を免れた副槨からは銅鏡（三角縁三神三獣鏡1、方格規矩鏡2、内行花文鏡2）・筒形銅器が各々五、車輪石、銅釧・石釧、鍬形石、鉄製農工具、方形板革綴短甲などが出土した。ここから多量の銅鏃も出たが、これは被葬者が軍事氏族で遠征に関係した者を示唆する。上記の副葬品や円筒埴輪Ⅱ式を伴うことなどの事情も考え併せると、年代的に考えて大伴氏の武日命（ないしその子の健持）が被葬者ではないかとみられる。

三角縁神獣鏡については、その年代や産地について、いまだ学界に諸論があるが、その実態は国産鏡であって、主に四世紀中葉頃の景行朝を中心に日本列島内に配布されたとみるのが妥当である。この配布に当たっては、倭建命の遠征や景行天皇の巡狩が関係したとみられる。辻直樹氏はその著作『まほろばの覇者』（一九七六年刊の私家本）で早くに倭建命による配布説を説き、三角縁神獣鏡の同范関係を示す古墳の分布図を見ると、「近畿を除い

新沢千塚古墳群（橿原市川西町）

た古墳の所在地が、ほぼ倭建の征討コースと合致している」と論拠をあげている。

新沢千塚古墳群では八古墳から甲冑が出土し、一つの古墳群としては奈良盆地で最大の数であるとされ（田中晋作著『筒形銅器と政権交替』）、軍事の大伴氏の墳墓にふさわしい。同古墳群はいわゆる群集墳であって、四世紀末頃から七世紀頃にかけて造営され、特に五世紀半ばから六世紀末まで盛んに墳墓が作られたとみられている。古墳群の築造氏族は特定されておらず、大伴氏、東漢氏、蘇我氏など諸説あって、いくつかの氏族の混在はあるものの、武具・馬具などの副葬品が豊富に出土した事情や地理的配置などから、大伴氏が主力だったものとみられる。

『古屋家家譜』の伝来者たる甲斐の伴直とその出自

甲斐の酒折宮で東国遠征は一応の終了となり、そこで論功行賞が行われたことが伝承に見える。大伴氏の先祖が甲斐で靫大伴部を賜ったのなら、その甲斐の地に上古から大伴部があってもなんら不思議はないが、『古屋家家譜』に記される同系譜を伝えた伴直にあっては、その祖先が大伴氏から分かれたのは、もっと後世の継体朝の時期であると伝えるから疑問が生じる。

すなわち、同家譜に拠ると、金村大連の長子の磐《いわ》連が磐余《いわれ》玉穂大宮朝（継体朝）に甲斐国山梨評山前《やまさき》之邑に遷居して小治田豊浦大宮朝（推古朝）丁巳年（五九七）八月に卒したとあり、この者の孫ないし曾孫の一族八人が、天智朝の庚午年籍《こうごねんじゃく》（六七〇年に作成された最初の完備した全国的戸籍）のときに大伴山前連の姓を負ったと記される。後の伴直氏につづくのが磐連の曾孫におかれる方麻呂（「山梨郡司少領正七位下」と註記される）であって、浄御原《きよみはら》天皇朝甲申年（六八四）三月に大伴直を賜姓して、藤原大宮朝丁酉年（六九七）八月に卒したと記される。その五世孫の八代郡司大領正七位下

酒折宮（山梨県笛吹市）

の真弓の代、天長元年（八二四）に一族が天皇の名前を避けて伴直に改姓したと見える。その後の世代配分や記事を見ても、大伴直方麻呂以降の系図はほぼ問題がないといってよさそうである。ところで、金村大連・磐連親子から大伴直方麻呂（磐連の曾孫とされるから、両者の中間には二代入る）につながる系譜について、問題がいくつかある。

その第一は、連姓から直姓というのは当時のカバネで見れば、明らかに貶姓《へんせい》であって、これが理由もなく実際になされたとは先ず信じがたい。しかも、大伴山前連から大伴直という姓氏の変更の動きも変である。かつ、甲斐の直姓の諸氏（壬生直、小長谷直など）を見れば、これらは甲斐国造の一族であったとされており、大伴直氏もその同族とするのが自然となる（太田亮博士に同説）。だからこそ、甲斐一宮という由緒ある式内古社（山梨県笛吹市一宮町一ノ宮に鎮座）を伴直氏が歴代、奉斎してきた事情にも通じる。同社は、社伝によると、垂仁天皇八年に現社地の南東二キロにある神山の麓に創祀され、貞観七年（八六五）に現社地に遷座したと伝えるから、甲斐国造の一族が長く奉斎してきたものであろう。大伴直氏も甲斐国造一族として、同地に置かれた大伴部の古くからの管掌者であって、職掌上の上司筋の大伴連との縁で系譜を仮冒して大伴連氏に接合させたものとみられる。

　第二は、大伴山前連の起源地の問題である。この氏は『姓氏録』では和泉神別に見えて、そこでは「大伴宿祢同祖。日臣命の後なり」と記載され、具体的な起源地や本宗からの分岐過程は記されない。この氏の起源地について、佐伯有清博士は『古屋家家譜』の記事を信頼して甲斐国山梨郡山前とするが（『新撰姓氏録の研究　考証篇第四』）、これは疑問が大きい。磐連が甲斐に遷住した事情も不明であり、畿内からの遷住の裏付けもないうえに磐の年齢的にも不備がある（年齢計算をすると異常な長寿となる）。『書紀』宣化二年（五三七年頃か）条には、父・金村大連の命で磐・狭手彦《さでひこ》の兄弟が任那救援のため派遣されており、狭手彦は韓地まで行き、兄の磐のほうは筑紫の那津《なのつ》官家（福岡市域にあった、大宰府の起源的なもの）に駐在したと見える記事があるが、これは、『古屋家家譜』に磐が継体朝に甲斐に遷居したという記事と符合しないと思われる。

　甲斐には後世に大伴山前連の一族がまったく見られない事情もある。大伴山前連・山前連の分布が和泉のほか近江国坂田郡大原郷で見られており、畿内かその近隣周辺と考えるのが自然だからである。ヤマサキの地名を見ると、『和名抄』では、山城国乙訓郡及び紀伊国那賀郡に「山埼郷」があげられており、近江国でも神崎郡に山前、犬上郡に山崎の地があって、これらが候補地にあげられる。また、鈴木真年らの収集系図では、磐連の子、長峡《ながお》連の孫（江人の子）に比可留をあげて、「庚午年籍家内連《やぬち》姓」という記事がつけられており、この家内連も『姓氏録』では河内神別にあげられる事情がある。

　第三は、中間に入る人物たちに記された譜註の内容に年代的な齟齬がある。具体的には、磐の孫の淵守及び方麻呂について見える「山梨郡司少領正七位下」とか「朝倉大宮朝入唐国於彼国病没」

の記事の表記は年代的におかしく、後世に書かれた特徴がある。

これら三点については、溝口氏も四点に分けてほぼ同様に指摘しているが、ここでは別の視点も入れて記したものである。

近江や山城のヤマサキにも大伴山前連の一族が住んだ可能性もあろうが、後述するように、紀伊国に大伴連一族が多く居住する事情を考えると、紀伊国那賀郡山埼郷が最も相応しいのではあるまいか。平安前期の承和年間の史料には、「那賀郡山前郷」と表記される。

この紀伊の那賀郡には、天平二十年の『写書所解』に大伴連蓑麻呂が見えており（戸主大伴連伯麻呂の戸口）、貞観十四年（八七二）八月条には那賀郡人の伴連益継と左少史の貞宗という親子が平安京右京に本貫変更を許可された記事が『三代実録』に見えるから、現実に大伴連一族が居住していた。那賀郡の粉河寺《こかわてら》（和歌山県紀の川市粉河にある天台系の寺）を開基したのが大伴連孔子古《くじこ》とされており（『粉河寺縁起』）、正暦二年（九九一）十一月廿日付けの太政官符に大伴連公孔子古が宝亀年中に奉造する所と見える。その子の船主の旧居は粉河寺の西南にあり、その子の益継は貞観中に初めて同寺の俗別当になったとされる。孔子古の後裔

粉河寺（和歌山県紀ノ川市）

が数十戸に分かれ、その後裔が和佐《わさ》氏の祖の助太郎範兼だと伝える。平安初期の『日本霊異記』下第十七には、沙弥信行は俗姓が大伴連で、紀伊国那賀郡弥気《みけ》里の人なりと見える。

以上に述べてきた諸事情からいって、『古屋家家譜』に見える中央の大伴氏の上古からの系図部分はその譜註記事も含めてかなり信頼性が高く、その貴重な所伝を記すものではあるが、一方で上記にあげた疑問個所が途中にあるので、この前半部分の後ろに甲斐国山梨郡の大伴直方麻呂以降の系図を接合させた形のもの（具体的には、大伴直方麻呂の父として大伴連穂足に接合させた。なお、同家譜には見えないが、中田憲信『諸系譜』を見ると、大伴直方麻呂の一族が大伴磐連の子孫にさまざまに系図接合させたことが分かる）が現存する同系図ではないかと評価される。ただ、こういう形の系図だったにせよ、その内容毎に系図部分が検討されるべきであり、同家譜が重要な史料であることは疑いないということでは、私見と溝口睦子氏の見解とは変わりがない。

要は、溝口氏との考え方の相違は、①陸奥の大伴部押人の造作、②甲斐の伴直一族の系譜仮冒、という二段階の系図仮冒操作を溝口氏が考えているのに対し、私見では、証明もできず痕跡もない①の点は否定し、②だけに後世の造作部分を限定したということである。陸奥と甲斐との接点が離れすぎて、造作がとても考えられない事情もあるからであり、私見のように考えた場合には、中央の大伴氏と甲斐の伴直との接合部分だけが系譜仮冒の問題になるということでもある。

膳大伴部などとの違い

太田亮博士が大伴部・靫負《ゆげい》大部（靫大部）と膳《かしわで》大伴部（膳大部）とを区別して考えなければならないと指摘したことは、先に述べた。これは両者がともに「靫・膳」を省いて、たんに「大伴部・

大部」として表示されることがあった事情に起因する。志田諄一氏は、全国の大伴部・大部を検討すると「膳大部」のほうが多いのではないかとさえ見ている。

膳大伴部の起源も同じ景行朝にあったが、靫負大伴部よりも時期が若干遅れる。すなわち、倭建命が東征帰途で没した後に（『書紀』に十年ほど後とされる時期で、倭建命の死去後との間隔は実年代ではもっと短いか）、景行天皇は皇子の倭建を偲んで、倭建が平定した東国の国々を巡狩したと『書紀』景行五三年条等に記される。この東国巡狩の際に、安房で膳臣の祖・磐鹿六雁命《いわかむつかり》（阿倍氏・大彦命の孫で、大稲輿命《いなこし》の子）が作った料理を賞めて膳大伴部（という部曲《かきべ》と姓氏）を与え、武蔵などの東国に膳大伴部を設置したと見える。天皇の食膳に奉仕するのが膳大伴部の職務であり、この時以来、諸氏や東国諸国造の子弟などからなる膳大伴部を膳臣氏が管掌したとされる。

景行天皇はこの行動については、『記』のほうでは端的な形では「巡狩」が見えないが、景行が「東《あづま》の淡《あわ》水門を定めた」「膳の大伴部を定めた」とある記事は、東国巡狩の中味に相当するから、この書でも当該巡狩の記載があったとしてよい。関連する記事が記紀ばかりではなく、『常陸国風土記』信太・行方郡条や『高橋氏文』『姓氏録』にも見える。

大王巡狩の目的としても、亡き皇子を偲ぶという感傷的なものではなく、東国における王権の確立が実態であった。そのことは、淡《あわ》（安房）水門での食膳奉仕儀礼・服属儀礼などに現れる（当事者の大王は、成務天皇であった可能性もある）。

東国の知々夫国造や无邪志《むさし》（武蔵）国造の祖も、この儀礼のとき安房まで来て、天皇に従属を誓い、両国造一族からも膳大伴部が出た。『万葉集』巻廿に見える秩父郡の大伴部少歳は知々夫国造関係の、『日本霊異記』に見える多摩郡の大伴赤麻呂は武蔵国造関係の大伴部とみられる。端的に

「无邪志直膳大伴部」という姓氏が『日本後紀』弘仁二年九月条に出羽国人として現に見えるから、これは事実無根の虚構ではないという見方（前之園亮一氏）に賛意を表する。膳大伴部はたんに「大部」「大伴部」とも書き、大伴連の「靫負大伴部」や倭建東征で陸奥先導に関連する「丈部《はせつかべ》」とよく混同されるが（学究の著述にも混同が屡々見える）、この辺は截然とされる必要がある。「大部・大伴部」は安房・印波・相武の国造一族関係者にも見えるから、これらの初祖も淡水門に参集して王権への服属儀礼を行ったものか。

物部氏一族にも膳大伴部を管掌した大部造・大部首があり、景行の東国巡狩に随行したと『高橋氏文』に見える意富売布《おおめふ》・豊日親子の後裔となる。この姓氏は若湯坐《わかゆえ》連や常陸の久自《くじ》国造（久慈郡等を領域）の一族であり、筑波・信太郡あたりに居て後に有道宿祢氏（武蔵の児玉党につながる）を出すが、誤って「丈部」と受けとられるのが多い。このように、「大部」は字形の似ている「丈部」とも、よく混同される。この混同は学界関係者にも多く見られ、なぜか「大部」を「丈部」と受けとるのが学究では好きなようでもある。

膳大伴部は北九州の豊前とか筑前にもあり、ともに君姓で現れる。香椎宮の神官に見える膳大伴君（後に膳伴宿祢姓）は筑紫君の一族ではないかとみられる。

ただ、大伴でも膳か靫かの判別がつかないものがあり、例えば『姓氏録』大和諸蕃の大伴造があげられる（おそらく膳のほうか）。また、「大部」は皇別氏族で神武の皇子・神八井耳命の後裔とされる多臣とその部民とも区別されねばならない。

三　神武創業と道臣命の活動

道臣命の活動

大伴氏の祖・道臣命については、記紀の神武段で久米部を率いて神武創業をおおいに助けたことが記される。

神武東征において、神武に従い、八咫烏《やたからす》の先導により久米部（大来目部）を率いて山中を踏み分け菟田（宇陀）への道を開いたが、その功績により神武天皇から日臣命《ひのおみ》という名を改めて道臣を賜ったことで、この名がある（即位前紀戊午年六月という）。

宇陀では、土豪の弟猾《おとうかし》（弟宇迦斯。宇陀の水取《もいとり》の祖）が神武に従おうとしたのに対し、兄猾《えうかし》（兄宇迦斯）が神武に対し大殿のなかに押機《おし》という罠を仕掛けたとき、道臣は剣と弓矢で兄猾をそこに追い込み、兄猾は自身の罠に押しつぶされて死んだ。道臣はその死体を引き出して切り刻んだことで、その地は宇陀の「血原」と呼ばれる（同年八月）。

次ぎに、神武が遠祖神の高皇産霊尊を顕斎《うつしいわい》するときに、その斎主になって行い、「厳媛（いづひめ）」の号を授けられた。ここで女性の名をつけたのは、道臣命は男性であるが、神を祀るのは女性の役目であったことの名残とみられる（この太陽神奉斎に因むのが「日臣」の名か。大伴氏が遠祖神を高皇産霊尊というのも、これに由来する面もあるか）。

神武が国見丘で八十梟帥《たける》が討ったとき、策略を用いてこれらを討ち取った。忍坂邑（磯城郡忍坂村、現・桜井市忍阪）に大室を造り、そこに招いて酒宴を開き、宴もたけなわになったとき、道臣の久米歌を合図にその兵たちは剣を抜いて殲滅した（同年十月）。

神武が天皇即位後の正月にはじめて政務を行うとき、道臣命は久米部を率いて諷歌・倒語（そえうた・さかさご）をもって妖気を払った。このことが、大伴氏の宮門警衛の由来ともなった。翌神武二年二月には、論功行賞として築坂邑に宅地を賜わった、と記される。『古語拾遺』にも、大伴氏遠祖の道臣命として、神武東征のときに逆賊を除くの勲功は比肩するものなしと評価し、来目部を率いて宮門を護衛し、その開閉を掌ったと記される。

先に家持の長歌の一節（「大伴の遠つ神祖の　その名をば大来目主」）を引くことなどで、道臣命が大久米主という名をもつことを示したが、『古事記』では大久米命という名でも登場する。すなわち、神武の皇后選定にあたっても活躍し、三輪（美和）の大物主神の娘、伊須気余理比売《いすけよりひめ》を選んだが、このときの記事で、大久米命が目の周辺に入れ墨（「黥《さ》ける利目《とめ》」と表現される）をしていたことが知られる。この入れ墨の習俗が上古の海人系統にも見られるが（『魏志倭人伝』には倭の海人に文身黥面の習俗があると見え、その系統の安曇氏にも『書紀』履中段に入れ墨記事がある）、混同できない。縄文時代に製造の「土偶」の表面に見られる文様は、入れ墨の表現とされており、縄文人と文化的種族的に関係が深い蝦夷やアイヌの間には入れ墨文化があった。

習俗やトーテムに関して言えば、上記の神武先導伝承に見える「**八咫烏**」とは、巨大なカラスという動物を意味するわけではない。トーテムとしてこの鳥類に表象される人物が具体的には考えられ、それは一般に鴨県主の祖・**鴨健角身命**《たけつのみ》（少彦名神に当たる）に当てられるが、実際には年代的にその孫にあたる「生玉兄日子《いくたまえひこ》」なる者であった。

この八咫烏が、戦前の金鵄《きんし》勲章のもととなる伝承（神武の弓に金色の「鵄《とび》」が留まって賊軍の志気をくじいたという所伝）の「金鵄」にもあたる。これは、古くは平田篤胤が指摘しており、私見でも最近になって様々な氏族検討の結果、この考えに至ったものである。鷲・鷹などの猛禽類や白鳥などまで含む鳥類は、太陽信仰をもつ天孫族のトーテムであった。ヤマトタケルの白鳥伝説も、このトーテムに裏付けられ、これを科学的にありえないと否定するのは、東北アジアに広く分布する習俗・祭祀を無視することにつながる。同じ観点で、皇祖神などの「天からの降臨」も、父祖の居住地からの移遷を意味するにすぎない。

道臣命の居地及び原住地

道臣命が宅地を賜った**築坂邑**《つきさか》とは、崇神の皇子・倭彦命の身狭《むさ》桃花鳥坂《つきさか》墓や現・宣化天皇陵の身狭桃花鳥坂上陵（鳥屋ミサンザイ古墳）のある大和国高市郡の久米郷一帯（「桃花鳥坂」の遺名が鳥屋に残る地と久米の付近）とみられる。現在の地名でいえば、現橿原市の久米町・鳥屋町のあたりであり、久米川（高取川の地域名称）の流域で畝傍《うねび》山の南方付近の一帯あたりとみられる。高取川とは、大和川水系一級河川で、高取町の高取山（標高五八四メートル）に発して北西に流れ、明日香村の西縁部・檜隈の地を通って橿原市に入り、見瀬町の牟佐《むさ》坐神社の東側、岡寺駅のすぐ西側という身狭の地を流れて、畝傍山西麓を北に流れ、同市曽我町の南で曽我川（大和川の支流）に注ぐ川である。

上記の神武紀二年二月には築坂邑の宅地賜与に続けて、また「大来目をして畝傍山の西の川辺の地に居らせたが、これが今、来目邑と名づける由縁である」との記事もある。ここでの「大来目」は個人名ではなく、道臣命の配下の部民集団とされよう。いま久米川の西が鳥屋町、川向こうの東側が久米町となっている。その北側に橿原神宮があって、畝傍町のほか久米町にも一部かかっている。来目邑に屯倉を興した記事が『書紀』垂仁二年にあり、いま久米町にはこの記事に関連する久米御県神社（延喜式内社）があって、それに北隣して久米寺がある。「御県神」は皇室御料に鎮座しており、『延喜式』祈年祭祝詞には「大和六御県神」の名が見えるが、そこには久米御県が含まれていない。

田中卓氏は、直木孝次郎氏の論考「日本国家の成立過程―大和政権に両頭時代」を批判的に検討しつつ、「五世紀の時点に限って言へば、この当時、高取、曽我の両川の流れる要衝の地（橿原市鳥屋町のあたり）に、久米、大伴という大和政権における有力軍事氏族が配置されていた、―私見では居住してゐたと解する。―」といふ直木説の大筋は、これを承認してよいと考えている（「五世紀の大和王

畝傍山と高取川（橿原市白橿町より）

権をめぐって」、『日本国家の成立と諸氏族』に所収)。大伴氏は神武創業以来、当地にあったとしてよかろう。

久米御県神社（橿原市久米町）

久米寺（橿原市久米町）

さて、道臣命が元来どこに居て、何時、神武行軍に加わったのかは、記紀では明らかではない。ところが、『続日本紀』に見える俘囚大伴部押人の上奏と符合する『古屋家家譜』の道臣命の記事から、同人が紀伊国名草郡片岡里の人であったことが分かる。同家譜を見ると、道臣命の父祖を祀る神社が名草郡にあることも記される。

すなわち、父の刺田比古《さすたひこ》命を祀るのが同郡の刺田比古神社であり、遠祖の香都知《かぐつち》命は香都知神社（和歌山市鳴神）、天雷命が鳴《なる》神社（和歌山市鳴神）、天石門別命が朝椋《あさくら》神社（和歌山市鷺の森明神丁）・九頭神社（和歌山市福島）であって、これら神社はみな名草郡にある。現在も同じ神社名で存在しており、九頭神社以外は延喜式内社とされた。とくに父の刺田比古命を祀る神社がいまも和歌山市片岡町（和歌山城の南の地）にあって、昔は九頭大明神とも称されたことに注目される。これら諸事情を考えると、『古屋家家譜』の上記記事は信頼してよかろう。道臣命が紀伊国名草郡片岡里の人であったということである。

刺田比古神社（和歌山市片岡町）＝刺田比古神社提供＝

道臣命が初めて神武軍に参加したのは名草郡であって、当地の族長名草戸畔《とべ》が神武に抵抗し討たれて、残る一族が紀国造の祖・天道根命らとともに降ったことに因るとみられる。紀国造も天手力男命

（天石門別命）の後裔であったから、これら名草郡の族長たちは皆、同族であった。天手力男命は天照大神の籠もる天岩戸を開けたという故事で名高く、天石門別命の別名ももつが、『古事記』の天孫降臨の段では、両神は別人のように扱われる（同じ段では、天忍日命と天津久米命も別人に扱われ、二人と数えられる。これは、本来は「Aすわなち B」という同人の意味での連記が、「A、B」という別人の連記と誤解されたことに因るか）。この段では、天石戸別神には櫛石窻《いわまど》神・豊石窻神という又名もあげられるが、「窻」は「窓、マド」のことであり、久米氏の系図では「麻戸」とも記されている。「天孫本紀」には御門之神とも見える。

紀州の大伴連同族

紀伊国では名草郡を中心に後世でも大伴連の同族諸氏が見られる。先に那賀郡の大伴氏について触れたが、史料に見えるところをあげると、名草郡では紀直（紀国造家）と大伴連の一族が郡領を占めるなど、次のような例がある。

①**宇治大伴連**　『日本霊異記』上第五に大花上大部屋栖野古《おおともやすのこ》連公は、難波に居住して推古朝に死んだが、紀伊国名草郡宇治大伴連等の先祖なりと見える。『古屋家家譜』には、金村大連の子に宇遅古連をあげて、「宇治大伴連、神私《かみきさい》連、大伴櫟津《いちいつ》連等の祖」と記されるが、屋栖野古と同人とみられる（宇遅古は、宇治居住に因む通称）。「宇治」は和歌山市内の地名で大字紀三井寺宇治となっている。なお、『三代実録』貞観六年八月条に節婦として名草郡人伴連宅子があげられ、位を二階昇叙され戸内の田租を免じられているが、宇治大伴連の族であろう。

②**大伴櫟津連**　『続日本紀』神亀元年（七二四）十月条には、名草郡少領として大伴櫟津連子人が見

える。なお、**神私連**については、『姓氏録』左京神別にあげられており、その一族の人名は他の史料には見えないが、佐伯有清氏は、天喜六年三月付けの「紀伊国高津郷司解」に見える私松延らが紀伊国の神私連氏の後裔だと考えている。「神私」は「神社、神松」と誤記される傾向がある模様であり、そうだとすると、『万葉集』巻六に見える「神社忌寸老麻呂」や『続日本紀』和銅三年正月条に見える「神社忌寸河内」は、その族人であったか。

③**大伴若宮連**　紀伊国名草郡忌部郷の戸主大伴若宮連部良《べら》の戸口に大伴若宮連大淵がいた（天平勝宝二年三月の勘籍）。

④**榎本連**　正倉院の古絹製品のなかに調の記録が残り、その記事には天平勝宝八年（七五六）の名草郡郡司擬少領少初位上に榎本連千島、同郡戸主に榎本連真坂が見える。榎本連は、『古屋家家譜』に拠ると、金村大連の子の狭手彦連（宇遅古連の兄）が祖とされ、『姓氏録』にも同様の記事がある。平安前期、貞観三年（八六一）の「名草郡直川郷墾田売券」にも同郡主帳として欠名の榎本連が見える。こうした事情から、狭手彦連・宇遅古連の長兄となる磐連の子孫も、紀伊国名草郡の近辺にあって不思議がない。

榎本氏は中世熊野の武家としても有勢であった。鈴木・宇井とともに熊野新宮三家の一にかぞえられ、『紀伊続風土記』には熊野三社の社僧に見え、また牟婁郡神木村に榎本出雲守の屋敷があったことも見える。その先祖にあたるらしい紀伊国牟婁郡人の牟婁沙弥《さみ》が『日本霊異記』下巻第十に見え、神護景雲三年（七六九）の年代が記される。熊野の神人が熊野信仰をもって三河国に移遷したものもあったが、榎本氏も同様に支流が三河国宝飯《ほい》郡蒲郡に移って、大宮神社（熊野権現社）の旧社家に榎本氏があった。

⑤**紀岡前来目連**《きのおかざき》　和歌山市岡崎にあった久米氏の一族であり、雄略九年に韓地で大伴談連とともに紀岡前来目連（欠名）が戦死したと『書紀』に見え、同書・清寧即位前紀にも星川皇子の乱の時に皇子側の従者として「城丘前来目」《きのおかざき》（欠名）が見える。

これらのほか、熊野新宮三氏のなかに鈴木氏とならんで宇井（鵜井）氏がおり、本姓が丸子連といわれるが、紀州那賀郡に居た**仲丸子連**の後とするのが妥当なようである。その同族とされる石垣氏も熊野では有力であった。『姓氏録』には仲丸子が大和神別にあげられており、『古屋家家譜』には金村大連の子の糠手古連の子の頬垂《つらたり》連が上総の伊甚《いじみ》屯倉（千葉県勝浦市あたり）を管掌して丸子連の祖となり、その弟の加爾古《かにこ》連が木国の那賀屯倉を管掌して仲丸子連の祖となったと記される。

紀北の中世武家では、大伴一族から出た**和佐氏**が有名である。名草郡和佐村（和歌山市和佐）から起こり、南北朝期の元弘・延文の頃に和佐実村が出た。『紀伊続風土記』では、井口村旧家の和佐氏条に大伴連孔子古の十九代の孫の助太郎範兼が和佐荘に住し、元弘の頃の和佐又次郎大伴実村が元弘の文書に現れるとする。歓喜寺の延文五年（一三六〇）の文書に、和佐又次郎実村が地頭職になると見える。その後は守護の畠山氏に仕え、江戸期は紀州和歌山藩に仕えた。

和佐大八郎範遠は、江戸前期の紀州藩士で紀州竹林派の弓術家、京都三十三間堂での大矢数で名をあげ、通し矢の天下一といわれた。その跡は長男貞恒が継いで、和佐家は以降も代々藩の弓術師範役となり存続した。その同族に那賀郡の小倉氏があげられ、両者とも元弘年中の文書に「大伴姓」と称し、「小倉孫十郎大伴兼綱」が見える。那賀郡で大伴姓の三毛《みやけ》、奥氏や伊都郡の竈門《かまど》明神祠官の竈門も同族ではないかとみられる。

闕史八代時代の大伴氏歴代の命名――「―日」の型式

大伴氏は、道臣命以降では倭建命の東征に随行した武日命まで、活動が史料に見えない。『古屋家家譜』でも、道臣命と武日命との間を直系のみで伝えて、「味日命―稚日命（原典にある「推」は誤記とみられる）―大日命―角日命―豊日命」の五代をあげる。その譜註記事としては、大日命に「腋上池心大宮朝（孝昭朝）供奉」、角日命に「室秋津島大宮朝（孝安朝）供奉」、豊日命に「母は紀直智《ち》名曽《なそ》女、乎束媛命。黒田廬戸《いおと》大宮朝（孝霊朝）及び春日率川大宮（開化朝）朝供奉」と記すのみである。

この大伴氏初期の五世代が初期諸天皇のいわゆる「闕史八代」に当たるとされる。この時期は初期諸天皇が実在しなかったものではなく、綏靖《すいぜい》天皇の異母兄・手研耳《たぎしみみ》命に対するクーデター事件など、歴史的事件がなかったわけでもない（「闕史八代」は学界からそうみられているだけで、歴史はあった。「神武＝崇神」の一体説は無理が多く、成り立たない）。

また、同家譜の譜註記事がすべて信頼できるかというと、必ずしもそうではない。豊日命が古い時期に分かれた同族の紀国造族と通婚したというのは妥当であっても、「紀直智名曽」という「直」のカバネは当時まだなく、「直祖」とか「国造祖」というところである。豊日命の活動時期も、「孝霊朝、開化朝」というよりは、世代的にはもう少し遅い時期の崇神朝を活動期のメインに考えたほうが妥当である。例えば、『公卿補任』には、崇神朝はじめの武埴安彦の謀反に際して大彦命と大伴豊日命が派遣されたと見える。『古屋家家譜』では、武日命が「磯城瑞垣《みずがき》大宮朝（崇神朝）」に大夫になると記されるが、これは『書紀』に見えるように垂仁朝（磯城玉垣大宮朝）とするのが妥当であり、この時期配分の違いが豊日命の崇神朝供奉を消してしまったのではないかとみられる。

大伴氏としても、この闕史八代の時期に兄弟がいなかったわけではなく、この崇神前代において久米氏の系統と大伴氏の系統が分岐した事情がある。そして、当時の勢力事情からすると、大伴氏の系統が本宗久米氏の系統から分出したとみるのが妥当そうでもある。

ところで、溝口睦子氏は、神武～景行間の大伴氏でこの期間に対応する歴代七人（道臣命〔日臣命〕から武日命まで）の人名の命名法が、すべて「―日」という氏族系譜としては特異なタイプ（「「ヒ」型人名」と溝口氏は名づける）であることに着目して議論を展開する。結論として言えば、「大伴氏にとってのこれは必然的な産物ではないかと考える」ということである。「大伴氏が他氏と共通する先祖名を一切もっていない」とも認定するが、この結論（そして、次の議論の前提にもなるが）も問題がある。

というのは、溝口氏が言う「ヒ」型人名」の命名法は、日神祭祀（高皇産霊尊祭祀）に関わる通称的なものだったとみられるからである。結論から言えば、「他氏と共通する先祖名」をこれら大伴氏の歴代がもっており、それが久米氏の歴代のほうに残っているということでもある。いったい、古代・上古代の人や神について、各々が一つの名前しか持っていなかったと思い込むほうがどうかしている。これまでの古代史の議論では、こうした「誰（Who）」であるか（他の史料に見える誰に比定されるか）という議論が、時間（When）・場所（Where）の検討とともに疎かにされてきた。大化以前では、一人の人・神が複数の異なった名前をもつことは不思議ではないし、実名・通称・尊称という差異もあるということである。例えば、欽明天皇や用明天皇の実名は不明であるし、倭建命も小碓（ヲウス）も、ともに通称であって、実名ではなかった。史実の検討には、情報の六大要素「5Ｗ1Ｈ」をしっかり押さえてかからねばならないということでもある。

（なお、氏族系譜は明確な時代区分をもっていて、その区分の境は応神辺りが最も多いとみて、この境の前後では人名の性格が大きく異なり、大和朝廷の成立〔統一国家成立〕以後とそれ以前に対応し、以前の人名は古くから伝承の各地首長名か伝説上の神・英雄などの名だ、と溝口氏が判断することにも、大きな疑問がある。要は、カバネが大和朝廷を構成する各氏に導入されたのは履中朝～允恭朝という五世紀前半頃であり、カバネ導入前の「ミコト（命）」あるいは尊称の「スクネ（宿祢）」という名前から、カバネが付いた人名に変化しただけのことである。）

さて、先に大伴氏と久米氏が崇神前代に分岐したと書いたが、後者について神武朝の大久米命から景行朝の七掬脛《ななつかはぎ》命（七拳脛）までの伝わる名前は、その間に「布理祢《ふりね》命―佐久刀祢命―味耳《うましみみ》命―五十真手《いまて》命―彦久米宇志命―押志岐毘古命」と六世代が入っている（『諸系譜』第二冊「波多門部造系図」）。これでは、大伴氏系図と的確な対応しないのではないかと思われる向きもあろうが、よく見ると六名のうち一人だけ通称名が見える。それが「彦久米宇志命」であって、「久米宇志」は「久米主」の意だから、久米氏の実質初代の通称とみられ、その先代の五十真手命の異称で、これに重複する者の表記と考えられる。

このように考えると、大伴氏と久米氏とが同じ五世代で対応する。すなわち、久米氏の中間五代は、「布理祢命―佐久刀祢命―味耳命※―五十真手命（彦久米宇志命）―押志岐毘古命」であって、これが、上記の大伴氏の五世代「味日命―稚日命―大日命※―角日命―豊日命」に各々が対応するということである。この例に見るように、同じ者であっても、支族や系統ごとに先祖の名を異なって伝えることが上古代では頻りに多く（例えば、物部連の「天孫本紀」系譜でも、同様な例は多い）、このWhoの見極めがこの時期の人名検討には必須なのに、このことが学究たちに殆ど認識されていないので、それが上古史研究の阻害要因となっている。

大伴・久米両氏共通の先祖で、その子の世代に二系統に分かれる祖が味耳命であって、この者がまさに久米氏の祖として『姓氏録』左京神別・久米直の記事に見えている。味耳命は、大伴氏のほうの系図では「大日命」に対応しており、崇神前代の人々のなかで唯一「大」が冠される者であって、『古屋家家譜』でもこの者から譜註記事が始まる。これが、前掲のように孝昭天皇朝のことであった。なお、味耳命については、『和州五郡神社神名帳』では巻四に社家久米直の伝説として、綏靖朝の人で大来目武部の子とすることを伝えるが、同書は後世の偽書であり、記事は信頼するに当たらない。道臣命の子に「味日命」が大伴氏の系図に見えて、この味日命と味耳命とが混同された可能性もあろう。

大伴・久米両氏の遠祖神とその居住地

こうした大伴・久米両氏の対応関係を見ていくと、次ぎに面白いことが分かってくる。大伴氏の系図は「高皇産霊尊―安牟須比《やすむすび》命…（七世代）…道臣命」で始まり、久米氏のほうは「安牟須比命…（三世代）…大久米命」で始まっていて、前者が四世代も多いが、これも上記左京神別・久米直の記事に「高御魂命の八世孫の味耳命」とあるので解決できる。だから、原型の世代は久米氏のほう「安牟須比命―麻戸明主命―天津久米命―天多祁箇命―大久米命…（二世代）…味耳命」（**A系図**）という形であって、大伴氏のほうは「高御魂命―安牟須比命（香都知命、天雷命と同人）―天石門別命―天押日命（天押人命、天日咋命と同人）―刺田比古命―道臣命…（二世代）…味耳命」（**B系図**）と整理される。これで、A・Bの両系図はピッタリ対応するということである。

大伴・久米両氏が遠祖を「高皇産霊尊（高御魂命）」とするのは、実は正しくない。『古語拾遺』

にも高皇産霊神の子として大伴宿祢の祖・天忍日命を記載するが、これも後世の伝承によるもので誤りである。高皇産霊神は神武や物部連など天孫族系統諸氏の祖神であって、神の色彩が違うからである。高皇産霊神は、道臣命が宇陀で顕斎をつとめた事情があったから、ここでは遠祖神という形にされていることに注意しなければならない。天忍日命の父神は上記の系譜に見るように天石門別命すなわち天手力男命であった。だから、大伴・久米両氏の始祖は、「ムスビ」の名を持っていても、高皇産霊尊の次に掲げられる安牟須比命とされるべきものであり、この神の別名ともされる「香都知」とはカグツチ、すなわち実体は**火神迦具土**（火産霊《ほむすび》神）ということである。

カグツチは、日本列島で原始的な焼畑農業を営んだ**山祇族**《やまつみ》系統にふさわしい始祖神であり、もう一つの別名「天雷命」とは雷が火を発することに通じる。この種族が山人にふさわしく狩猟を主にし弓矢を得意としたことは、長く後裔まで影響して、弓矢・馳射に長じた者（道嶋嶋足、和佐範遠）が出たこともこれまで見てきた。大伴氏の名の由来の「靫負《ゆげい》」とは「靫《ゆき》（矢入れの筒形容器）を背負う」という意味であった。中臣連氏も山祇族の流れを汲み、蘇我《そが》入鹿殺害の時には中臣鎌足は後方で弓に矢をつがえていたといわれている。

この種族は、いまのクメール族（カンボジア人に通じる）や中国古代の三苗《さんびょう》とか苗族と呼ばれる人々に類似の要素が見られる。本来は、アジア大陸北方に居住していたが、次第に南方に居を移していき、中国古代の南蛮と呼ばれるものの主力を構成していたものとみられる。なお、同じ中国江南にあっても漁撈・航海に長じたタイ系の種族（「**海神族**《わたつみ》」と呼ぶ）とは祭祀などの行動で大きく異なる。山祇族のトーテムは犬狼信仰と関連し、海神族のそれは竜蛇信仰と関連することにも留意しておきたい。

さて、皇孫・瓊瓊杵《ににぎ》命のいわゆる「天孫降臨」に当たっては、大伴氏の祖・天押日命と久米氏の祖・天串津大来目（天津久米命）が御先に立って先導したと『書紀』神代段に見えるが、これは同一の人物・集団の行動を指すにすぎない。だから、『古事記』が両者が対等の関係で供奉したように記すのは当然のことであり、大伴氏の先祖が来目部の先祖を率いたように記す『書紀』よりも、原型の色彩を残しているとも評価できる。もっとも、「来目部＝来目氏」と受けとらない場合には、『書紀』の記事も間違いだとは言えない。

天孫族の支族に出たニニギが「高天原（筑後川中・下流域あたりに所在）」から筑前海岸部に移遷したのが記紀神話に言う「天孫降臨」の実態であった。このとき皇孫に同行した大伴氏の先祖だったが、その各々の孫の代には後者のほうが神武に先んじて紀伊に入って来ており、おそらく道臣命の父の代くらいに北九州から畿内方面に移遷してきたものとみられる。皇孫の当初居住地は筑前国怡土郡あたりとみられ、その近隣に位置する志摩郡にあった久米郷（糸島市北部の久米あたり）は大伴氏の源地の一つであったことも考えられる。

ところで、山祇族の遠祖神たちはどこに居たのであろうか。可能性として考えられるのは、「安牟須比命」の「安」が居住地と関係がある場合には、筑前国夜須《やす》郡（福岡県朝倉郡筑前町あたり）であろうし、紀伊国造の「紀伊」に関係するのなら、肥前国基肄《きい》郡（佐賀県三養基郡基山町）辺りとなろう。ともあれ、筑後国御井郡あたりを中心地とする高天原（邪馬台国）の北方ないし東北方の近隣、筑後川中流域の平野部に基肄郡も夜須郡も位置していた。この筑後川の下流域・御井郡あたりは物部氏の原住地だと太田亮博士がみており、これら筑後川中・下流域は、後に畿内大和に入った部族の天孫族、山祇族を問わず、氏族源流の地であった。

四　室屋大連と金村大連

ここでは視点を変えて、歴史時代の大伴氏の栄光をみることにするが、その最初の盛期が大連になった室屋大連と金村大連の時代であった。

室屋大連の大連就任

大伴氏では、神武以来、代々が天皇（大王）の身辺にあって、その親衛軍をつとめており、倭建命東征のときには武日命とその子弟らが随行しておおいに功績をあげた。その後しばらくは陸奥経営に専念してか、陸奥にその支族を多く出した。その間、中央政界では大伴氏や久米氏の活動が史料にほとんど見えず、仲哀天皇が崩御したときの重臣のなかに大伴武以連が見えるくらいである。それからも記紀に動きが暫く見えずにいたが、五世紀中葉の允恭朝になって室屋が出て活動が見えており、雄略天皇の即位のときに大連となり（武日の子の武以〔健持〕から室屋までの歴代の名前・活動は不明に近い）、その孫の金村も継体朝等の大連となって大伴氏は全盛期をむかえ、朝廷で勢力を振るった。

室屋連の初出は、『書紀』允恭天皇の十一年条であり、このときに天皇が寵愛する妃の衣通郎姫《そとおりひめ》（藤原琴節郎女《ことふしのいらつめ》）のために藤原部を定めたと見える。次ぎに見えるのが雄略天皇の即位のときで、平群《へぐり》臣真鳥の「大臣」とならんで、物部連目と共に「大連」とされた（雄略即位前紀）。室屋が何時、大連に任じたか不明であるが、顕宗天皇の代までその任にあったとされる。またこの頃、室屋とその子・談《かたり》は、靫負三千人を領して左右衛士府に分衛したという（「職員令集解」左衛士府条）。『延喜式』巻第三には、石上神宮に伴・佐伯の二殿があって兵庫とされていたことが記される。

朝廷の執政官として「大連」の制度が雄略朝のとき（時まで）にはできたように、『書紀』に記される。大連とは、大和王権に従う大夫・伴造を率いて大王の補佐としての最高執政官の地位にあったものであり、大臣と並称される。大臣が臣姓氏族のトップにあったのと同様、伴造（連、造、首などのカバネをもつ）のなかでも有力氏族の連姓をもち、軍事・警察を管掌した大伴氏・物部氏のなかから大連の選任がなされた。

吉村武彦氏は、大伴氏が各地から上番する舎人・膳夫《かしわで》・靫負など王宮の雑務・食膳・守護として仕える人々、すなわち伴の管理を主要任務とし、一方、物部氏が武器・宝器・祭祀具等の物の管理にあたったとして、これら管理を通じて軍事的性格を強くしていった、とみる（『古代王権の展開』）。物部氏が関与した石上神宮に武器庫があったことは、垂仁紀（三九年条の本文・分注）にも見える。

雄略朝より前の時期では、『書紀』に、「大臣」のほうは武内宿祢が任命されたのが最初とされ（成務紀三年正月条）、最初の「大連」の語が見えるのが垂仁朝の物部十千根大連であるが、それぞれ職位というものではなく、おそらく共に尊称だったか。実際の両職の初任者は不明で、履中朝に平群木菟《づく》、蘇賀満智《まち》、葛城圓《つぶら》、物部伊莒弗《いこふつ》が国事執政（これが大臣・大連の前身の職か。このうち、蘇賀満智には疑問ありか）になったと見える。大臣については、平群真鳥（雄略・清寧朝）の次ぎに、継体朝には巨勢男人《おびと》、欽明朝には蘇我稲目が大臣になったとされる。大伴金村大連が失脚し、用明天皇の死後には物部守屋大連が蘇我氏により滅ぼされると、大連の任命はなくなり、大臣の蘇我馬子・蝦夷の専制という形で朝廷内の権力が集中した。なお、「天孫本紀」には垂仁朝の物部氏大新河・十千根兄弟以降に「大連」の称が見えるが、これは、同書独自であって、物部氏族長という地位の尊称くらいの意味だったか。

さて、話しを大伴室屋に戻して、その活動を見れば、雄略天皇二年に天皇が召そうとした百済の池津媛と姦通したことで、媛と石川楯《たて》（石河股合首《こむらの》の祖という）の両者を、来目部に命じて火殺させたと見える。同九年には新羅征討の大将軍紀小弓《おゆみ》の婦が死去したことを天皇に取り次ぎ、その少し後に新羅で病死した小弓の墓を田身輪《たむわ》邑（大阪府泉南郡岬町淡輪付近）に築造して葬った。子の談《かたり》は、紀小弓と共に新羅に派遣されて戦死し、小弓のほうも陣中に病死した。この時の天皇の詔に、大伴卿（室屋）と紀卿（小弓）が「同じ国近き隣の人にして、由来尚《ひさ》し」（その由来が古い）とある。大伴連氏も紀臣氏も、その起源が紀伊国にあり、それに続く和泉・河内の地域にも勢力があったことを考えれば、この記事は理解できる。

同二三年八月には、雄略天皇崩御に際して室屋は遺詔で後事を託され、崩御直後に起こった星川皇子の叛乱を東漢直掬《つか》と共に鎮圧した。この時、室屋大連らの民部が広大にして国に満つと見える。次の清寧天皇二年には、諸国に天皇の御名代として白髪部の舎人・膳夫《かしわで》・靫負を置いた、と見える。更に、武烈天皇三年には天皇の詔に従い、役丁を徴発して城の形を水派《みまた》邑（現・奈良県広陵町大塚付近か）に築いたと『書紀』に記されるが、このとき既に金村が大連になっているので、史実ならば金村の事績とすべきものである。

室屋には、談と御物という子があり、談は早くに韓地で戦死し、御物は佐伯連・林連の祖となったとされる。『古屋家家譜』を含む多くの大伴氏の系図では、金村大連が室屋の子に置かれるが、これは談が比較的若い時期に戦死したこともあって、大伴氏の族長が金村に引き継がれたことの影響であろうとみられる。御物については、後述する。

宮城十二門の警衛諸氏―門号氏族

大伴談は室屋の弟のようにも系図に見えるが、室屋がその子の談とともに靫負の兵を率いて宮門の左右を警衛したことが『姓氏録』左京神別の大伴宿祢条に見え、そこに「愚児語」（語＝談）と記される。これにより、その後に大伴・佐伯両氏が左右で宮門を護った起源とされる。『続群書類従』所収の「伴氏系図」にも「室屋―談―金村」と見えるものもある。

大伴氏が警衛を主担した宮門は、当初、氏族名から「大伴門」と呼ばれたが、平安京では朱雀《すざく》門と呼ばれた。宮城十二門のうちの正門で、他の門よりも大きな規模を誇り重閣門ともいわれ、内裏から南面して京を南北に走る都大路（朱雀大路）に向かった。佐伯氏が主担した佐伯門は、宮城の西側中央部に位置して、後に藻壁《そうへき》門と呼ばれた。このほか、久米氏族から出た山部連（後に山宿祢）氏が陽明門（近衛御門）を守った。美福門を守った壬生連氏については、詳細不明だが、凡河内連一族か大伴連一族の高志壬生連かの可能性があり、越前国が作ったのがこの門だというから、後者の壬生氏だったものか。

このほかの門号氏族八氏では、葛城臣氏系の的《いくは》臣氏が郁芳《いくほう》門（大炊御門）、玉手臣氏が談天門、倭建命後裔という近江の建部君氏が待賢《たいけん》門（中御門）を守り、海神族系の若犬甘《わかいぬかい》（若犬養）連氏が皇嘉《こうか》門、伊福部《いふくべ》（五百木部）連氏が殷富《いんぷ》門、丹治比《たぢひ》（蝮王、丹比）連氏（以上三氏は尾張連支族）が達智門、猪使《いつかい》連氏（称安寧天皇後裔）が偉鑒《いかん》門（玄武門）、海犬甘《あまいぬかい》（海犬養連氏（安曇連支族）が安嘉門を守ったという伝統をもつ。

　以上の諸氏が、上古からの天皇の親衛軍であったものか。そのなかに物部氏族が一つもないことや、大化改新に先立つ乙巳《いっし》の変の蘇我入鹿の暗殺者として三名の門号氏族の者が登場したことにも留意しておきたい。すなわち、それが佐伯連子麻呂・海犬養連勝麻呂・葛城稚犬養連網田だと『書

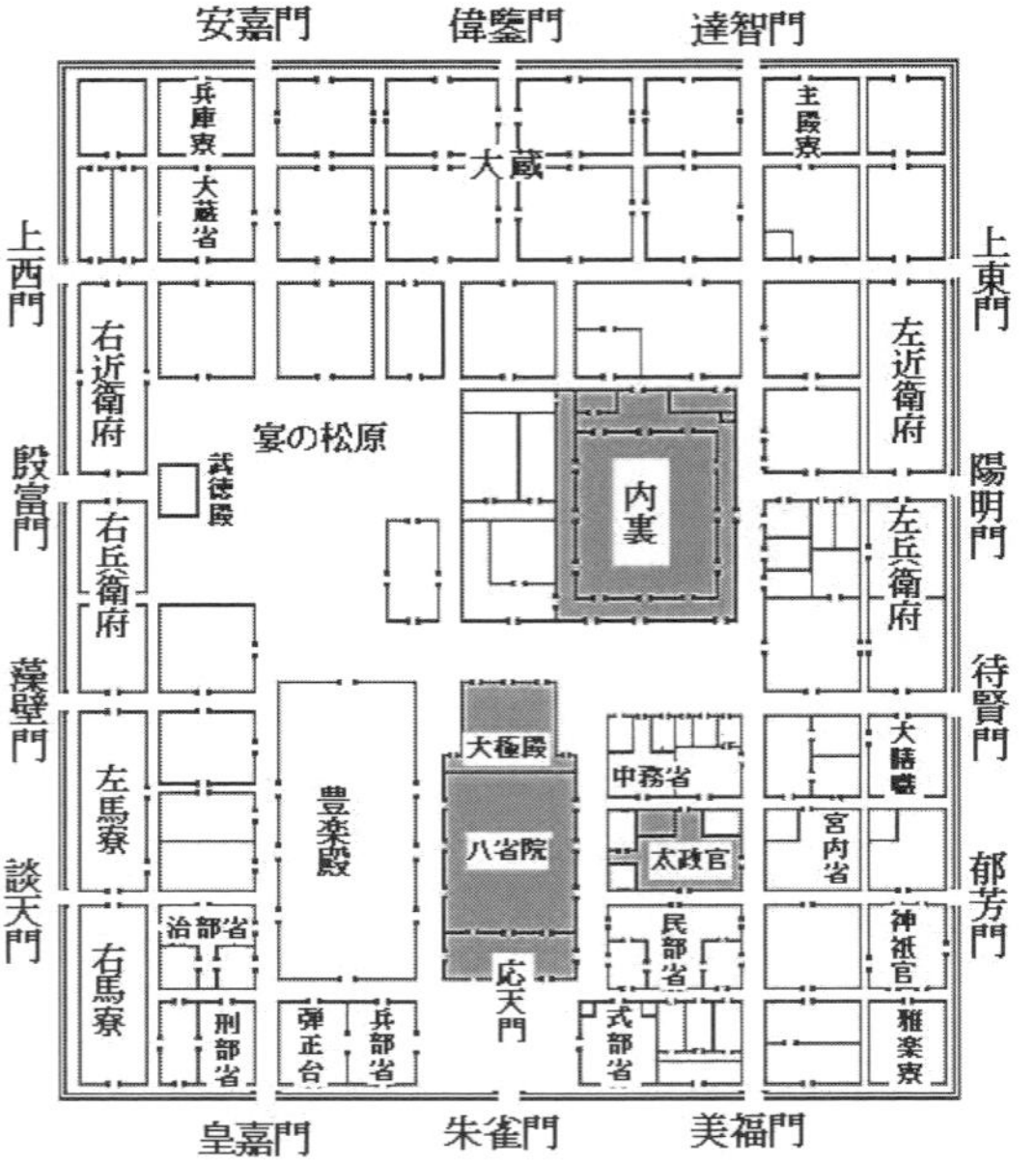

平安京の大内裏と宮城門

平城宮佐伯門跡（奈良市）

紀』に見える。

なお、平安京になってから出現した宮城門には入らない簡素な小門（土門で屋根も門額もない構造）が上東門及び上西門であり、これらは各々、左衛門府、右衛門府が管轄した。

室屋大連より前の伝承欠落―応神・仁徳期の系図の断層・混乱

大伴氏・物部氏について、応神王統の始まり頃の応神・仁徳両天皇の治世時期には、それぞれの本宗関係者はなぜか姿を見せず、両天皇治世の四〇年間ほどについては、この両氏の歴代・系譜を記す史料にはその間の具体的な動向が不明である。これは奇妙な特徴であって、「天孫本紀」に記載の物部系譜にも、この時期の部分に混乱が見られる。例えば、継体朝に筑紫君磐井を討伐した物部麁鹿火《あらかい》連の位置づけがおかしな形で伝わる。大伴氏でも、現伝する殆どのの系譜に二世代ほどの欠落があって、大伴・物部両氏の本宗の人々が記紀に現れるのは、五世紀中葉の履中朝あるいは允恭朝である。

ところが、既に平安前期の段階で、大伴氏の武以から室屋の間の世代の者が家伝から欠落していたのである。すなわち、『三代実録』貞観三年（八六一）十一月条には、中納言伴善男の奏言のなかに、景行天皇御世の先祖「健日連公の子、健持大連公の子、室屋大連公の子、御物宿祢」という記事があって、允恭朝以降の室屋が四〇年超の期間を飛んで、仲哀朝の健持（武以）の直接の子とされている。これは、現在に伝わる大伴氏関係の系図の殆ど全部に見える記事と共通する。仲哀朝の健持と允恭・雄略朝の室屋との間には、応神・仁徳両朝に活動した歴代があるはずであって、これらの者が欠落している。

この事情の解釈は二通り考えられる。一つは室屋より前の大伴氏の歴史はなかったということであり、もう一つはなんらかの事情があって、二世代ほどの人名が欠落したということである。

このため、戦後古代史学において応神より前の時期を否定する傾向と相まって、研究者によっては、大伴・物部両氏の発生は履中朝以降の新しい時期であって、このときに急に両氏が台頭したとみる見方（例えば、井上光貞氏は、大伴室屋・物部伊莒弗から実在として、彼ら以降に台頭したとみる）もある。しかし、応神天皇より前の大王の存在と歴史を認めるのなら、それに合わせて、垂仁・景行両天皇の治世時期にも両氏の先祖が確かに活動していた。このことを、記紀や『風土記』などの史料から十分、読みとることができる。

いったい、多くの古代氏族では、ほとんど同じような世代で諸氏符合するように先祖の系譜・伝承を後世に造りあげたというのだろうか。これは、上古の知的作業としてきわめて困難な作業と言わねばならない。まずありえない現象である。戦後の歴史学界のなかでも、崇神～景行という時代を認める立場もあり、造作説を主体とするような津田史学流の考え方では、説明が困難であろう。

また、武以と室屋の間に二～三代の歴代人名を記す系図も、ごく少数だが現在に残る。管見に入った例では、『伴党水党並甲賀侍由緒書』（内閣文庫所蔵）では中間に「佐彦・山前」の二代を、『寛政重修諸家譜』巻一一四二の山岡氏の系図では「健友・武季・建室」の三代を記しており、『続群書類従』所載の「伴氏系図」別本三では武持と室屋との間に「此間三代中絶」との記事が見える。ほかに、検討すべき史料も裏付けも残らないから判断が難しいが、他の諸古代豪族の世代比較から見て、中間に入る世代としては二代が妥当とみられること、命名から言っても前者のほうが古代の名前にふさわしいことから、とりあえずここでは、前者のほうの歴代を採用しておきたい。

ともあれ、この大伴・物部両氏は、応神・仁徳朝という時期になぜ活動が現れないのか、この潜伏期間はどうしていたのだろうかという問題を考えてみなければならない。

実は、こうした奇妙な傾向があるのは、大和朝廷の有力豪族では、ほかに阿倍臣氏があるくらいであり（阿倍氏の場合はさらに長い潜伏期間なのだが）、応神の大王位簒奪に協力・後援した和珥氏では、系図がきちんと継続している。そうすると、この両氏にあっては、それぞれ優れた族長がこの時期に出なかっただけなのかもしれないが、あるいは、応神による大王位簒奪（いわゆる応神王朝樹立）の行動に敵対した忍熊王方陣営のほうに天皇親衛軍としてこれら諸氏が属したなどの事情があって、応神簒奪後にしばらく雌伏を余儀なくされたというのかもしれない。天皇の直属・親衛の武力組織を長く構成した両氏だけに、戦後の歴史学界で言われる「崇神王統の消滅、応神による大王位簒奪」という可能性の観点から、伴造の長たる大伴・物部両氏のしばらくの間の動向が不明であることの意味に十分留意される（ただ、物部氏の場合は大伴氏と少し事情が異なり、成務～仁徳の三世代のうち、一世代の名前は分かっていても、これら三世代の歴代の系譜上の位置づけに問題があるということなのだが）。

金村大連の活躍と失脚

室屋の孫の大伴金村が祖父の跡を承けて武烈天皇の代に大連になっており、欽明朝までその任にあった。この時期が大伴氏の全盛期であった。

金村大連の事績を『書紀』等により簡単に記しておくと、金村は朝廷の有力者、平群真鳥・鮪《しび》父子を攻め滅ぼし（その時期には諸説ある）、さらに継体天皇（男大迹《おおと》王）を越前から迎え入れた大功績があって、引き続いて朝廷の最高執政官の地位を保ち、継体朝後期には物部麁鹿火《あらかい》（荒甲）を将軍として派遣して、九州での筑紫国造磐井の反乱を鎮圧させた（『記』では、金村自身も鎮圧にあたったことを示唆）。安閑朝ではなお引き続き大連として、皇后・妃のため各地に屯倉を設定し、宣化朝では新羅の任那侵攻に対して、子の磐・狭手彦らを派遣して任那を救援したが、欽明天皇の時代になって百済へ任那四県を割譲したという過去の責任を物部尾輿らに問われて失脚し、摂津国住吉郡（現大阪市住吉区帝塚山）の邸宅に籠ったとされる。以後は、蘇我氏と物部氏の対立の時代になって、大伴氏は衰退期に入り、主に蘇我氏の勢力下にあって命脈を保つことになる。

河内には大伴金村の「住吉の宅」があったとされ（『書紀』欽明元年九月己卯条）、『万葉集』には「大伴の御津の浜」「大伴の高師《たかし》の浜」（ともに巻一）と詠われる。大和王権の重要な港であった住吉津が所在した地であり、「御津」は難波津、「高師」は現高石市一帯のことであり、これら摂津の海岸部から和泉にかけての地域に大伴氏が拠点を所持したことは、五世紀から六世紀にかけての時期に外交・外征面において重要な役割を果たしていたことにつながる。だからといって、この大阪湾沿岸部に大伴氏の源流があったとか、勢力の中心地だとすることはできない。

江戸時代成立の『摂津名所図会』では住吉に近い大帝塚山古墳（前方後円墳。全長約八八メートル）を金村の墓とするが、考古学的に年代が合わず、無理があるという（小笠原好彦氏）。奈良県北葛城郡新庄町大屋には金村大連を祀るという金村神社があるが、祭神の年代等から考えると、金村を祀るのは疑問がないでもない。

飛鳥時代の大伴氏の動向

金村の子には磐・狭手彦・糠手古・阿被布子《あひふこ》（咋子の父）・宇遅古《うぢこ》の五人があったと『古屋家家譜』

に見えるが、この辺は妥当であろう。阿被布子は多くの大伴氏の系図には名前が見えないが、『三代実録』に見えており、その流れが大伴氏の主流となる。すなわち、貞観三年（八六一）八月の伴善男等が、狭手彦後裔の伴大田宿祢常雄（藤原良房の家司で、当時外従五位下）に「伴宿祢」姓を賜るよう奏言したなかで、狭手彦の後は栄達するものを聞かないが、一方、弟・阿彼布子の後は歴代尊顕とある。

これら金村の諸子あっては、韓地関係などで軍事・外交の活動が見える。

宣化二年（五三七年頃）、大伴磐・狭手彦の兄弟が、新羅の任那侵攻に際し、任那救援の命を受け、磐は筑紫の那津官家（大宰府の起源）で執政し、狭手彦は朝鮮に渡って任那諸国・百済の救援に活躍した。狭手彦は再び欽明二十三年（前者の二五年後）にも、大将軍として高句麗を討った。

狭手彦の宣化朝の渡韓に関し、『肥前国風土記』逸文に狭手彦と篠原村の乙等比売《おとひめ》（弟日姫子）にまつわる褶振峯《ひれふりみね》地名説話があり、『万葉集』巻五にも狭手彦と松浦佐用姫《さよひめ》の説話をもとにした山上憶良他の連作があげられる。

その弟の糠手古《ぬかてこ》は、敏達二年（五八三頃）紀に任那復興のために百済から召喚された日羅を吉備の児島屯倉で慰労し、さらに阿斗の桑市の館（大阪府八尾市跡部付近か）にいた日羅のもとに派遣されて日羅に国政を問い、日羅が暗殺されるとその対処策を取り、犯人を捕らえている（『書紀』）。

用明二年（五八七年頃）には、大伴嚙（くい。咋子で、金村の孫）は、蘇我馬子による物部守屋討伐軍に参加しており、このとき守屋大連の物部氏本宗家は滅亡した。

崇峻天皇が即位（五八八頃）すると、金村の子・糠手の娘の小手子《こてこ》がその妃となった。大伴氏から天皇の后妃を出したのは珍しく、記録に残る限りこれが初めで唯一の例（平安時代に文徳天皇が伴氏の女性〔皇子の右大臣源能有の母。参議兵部卿大伴潔足の孫女。なお、源能有の娘の柄子は貞純親王の妻となって源経基を産み、経基以降の武門清和源氏には大伴氏の血が伝えられた〕を宮人とした例はある）。小手子妃は、蜂子《はちこ》皇子（『上宮記』逸文に波知乃子王）及び錦代《にしきて》皇女（同、錦代王）を生んだが、前者は羽黒山伝承では出羽三山開祖・能除大師と同一とされる。

崇峻四年（五九一年頃）には、咋子が任那再興のため筑紫に派遣されるが、崇峻暗殺事件により遠征が中止とされた。咋子は推古九年（六〇一年頃）にも、高句麗に派遣され、翌年帰国する。推古十八年には四大夫の一として見える。咋子の娘という智仙娘は、中臣御食子《みけこ》連の妻となって藤原鎌足を生んだと『尊卑分脈』（大織冠鎌足の譜）に見える。

これらの軍事・外交の諸活動が示すように、大伴氏の力はまだかなり保持されており、大化改新の後の大化五年（六四九）には、大伴長徳（ながとこ。馬飼ともいう）が大紫位に叙せられ右大臣に任ぜられたが、二年ほどの短期間で薨じた（『公卿補任』など）。

次ぎに大伴氏の当時の勢力を示すように、金村の諸子から大伴氏の系統分立が見られる。長子の磐の後裔から大伴山前連・家内連が出たことは先に記したが、その弟の狭手彦からは大伴大田連・榎本連等、糠手古からは上総の伊甚《いじみ》屯倉を管掌した丸子連、紀伊国那賀郡の那賀屯倉を管掌した仲丸子連が出ており、阿被布子からは後の大伴連本宗と讃岐の大伴良田連が出、末弟の宇遅古からは既述のように宇治大伴連・神私連・大伴櫟津連が出た。

大伴狭手彦の流れ

上記の大伴支族・諸流のうち、**狭手彦後裔**の流れも大伴連を称したが、これを併せて見ておく。

この系統では、狭手彦の子の毘羅夫《ひらふ》、その子の鯨までは知られるが、その後は活動が明確ではなかった。

『書紀』には、大伴毘羅夫は用明二年四月条に見えて、物部氏の手にかからないよう蘇我馬子大臣を警固したとあり、大伴鯨は舒明即位前紀に見えて、推古天皇の後継を田村皇子か山背大兄王かのいずれにすべきか廷臣が議論したとき、推古の遺命に従うべきだと最初に発言したから、各々がかなりの有力者であったことが知られる。鯨は『太子伝暦』にも見えて、「太部鯨子連」と表記される。この当時は、大伴氏の族長的存在であったか。

『書紀』大化五年条に見えて、蘇我倉山田大臣を誅罰するため蘇我日向臣と共に将軍として追いかけた大伴狛連は、名前と活動年代からは、鯨連の兄弟だったか。また、大錦上という高位で天武八年（六七九）六月に没した大伴杜屋《もりや》連は、鯨連の子の可能性がある。「大錦上」は「小紫」に次ぐ冠位であり、贈位を除くと、同じ天武朝に坂本財や小野毛人、蘇我赤兄が同じ冠位にあったことが知られており、当時の大伴氏の族長クラスだったとみられる事情がある。ある大伴氏の系図には、「狭手彦—糠手子—毘羅—邦歯（噛のことか）—鯨—馬飼（長徳）……」と続くものがあり（『姓氏家系大辞典』オホトモ条参照）、これは親子関係ではなく、大伴氏の族長的地位の継承順を示すものだったかとも思われる。とすると、長徳より前は狭手彦系統のほうが大伴氏の本宗的な地位にあった模様でもある。ともあれ、鯨・杜屋の後も狭手彦流は続いて、平安前期に編纂の『姓氏録』には左京神別に「大伴連」があげられる。

狭手彦流の族人についてはあまり明確ではないが、学問の神様とされる菅原道真（生没が八四五〜九〇三年）の生母が式部少丞伴真成の娘といい、中田憲信は何に拠ってか「征高麗将軍狭手彦六世の孫」と記している（『好古類纂』第八集所収の「菅公系譜」）。いま、北野天満宮表参道に立つ三の鳥居の少し手前左側に疎林に囲まれて鎮座する小祠が「伴氏社」（京都市上京区馬喰町）といい、北野天満宮末社となっている。この祭神は、道真公の母君が大伴氏の出身であることより、伴氏社と称するという案内が記されるから、母の出自については信頼できよう。

これに関連して言うと、『続日本後紀』承和元年（八三四）六月条には、大和国人外従五位下伴宿祢真足等卅五人が本居を改め左京に貫付したと見えており、真足はその後も同書に見えて、承和年間に主計助、主税頭となり承和十一年（八四四）には内位の従五位下に叙位している。道真の祖父・清公も承和年間まで活動が知られ、承和六年に従三位に叙せられ、同九年に七三歳で没している。これら年代と名前から見て、上記の伴真足と伴真成とは兄弟であった可能性がある。

北野天満宮表参道脇にある伴氏社（京都市上京区）

これまでの記事から、狭手彦流の大伴氏が本貫が大和に在ったことが知られるが、承和元年に左京に貫付してもまだ大和に残った一族がいたのではないかとみられ、そのなかから有力な中世武家も出た可能性がある。これについては、後述する。

狭手彦後裔については、大伴連のほか、大伴大田連、大伴朴本《えのもと》連という諸氏の流れがあるので、これについても触れておく。

大伴大田連については、神護景雲元年に左京人大伴大田連沙弥麻呂《さみまろ》が宿祢姓を賜っており、奈良時代の写経師のなかにも大伴大田宿祢名継が見える。『姓氏録』には右京に大伴大田宿祢があげられて、天押日命の後裔とされる。弘仁十四年には、大伴一族と同様、改姓して伴大田宿祢となったが、貞観三年（八六一）八月には伴善男等の奏言により左京人の散位外従五位下伴大田宿祢常雄が本宗と同じ伴宿祢を賜っている（『三代実録』）。

この一族は天平宝字五年（七六一）の大和国十市郡の「池上郷屋地売買券」に「主帳無位大伴大田（欠名）」と見えており、仁和三年（八八七）七月の「永原利行家地売券」（『平安遺文』一―一七六）に城上郡郡老の伴宿祢鹿雄が見えるから、年代的に伴宿祢鹿雄は上記常雄の子弟か一族ではないかとみられ、十市・城上郡あたりに勢力があったことが知られる。太田亮博士は「大田部を掌りし氏なり」と記すが、このことは陸奥の大伴一族「大田部」の話しであって、むしろ地名の「大田」が由来ではなかろうか。その場合、葛下郡に太田邑があって、この地に中世の郷士で太田伝七（布施氏の族という）が見える事情があり、また、北葛城郡（葛下郡と広瀬郡が合併）の河合町域に東大寺に関係のあった「大田犬丸名」があったから、これら地名のいずれかに氏の名が由来したことも考えられる。佐伯有清氏は、地名に由来するとみて、大伴氏と関係の深い紀伊国名草郡の大田郷（和歌山市宮付近）に基づくかと記述するが、おそらく疑問であろう。

次ぎに、**大伴朴本連**については、壬申の乱のときに大伴朴本連大国が見え、猟者廿余人の長であったが、大海人皇子の一行に参加している（『書紀』天武元年条）。この氏は後に大伴を略してたんに榎本連といい、『姓氏録』には左京神別にあげられる。榎本連は、古代の紀伊の名草郡・牟婁郡にあるが、後者はとくに中世に繁衍して熊野新宮三氏に数えられる。この辺は紀伊の大伴一族でも先に記したが、そのほか安芸や豊後にも一族が見られる。

太田亮博士は「山城国乙訓郡榎本にありし」故に名乗ったと記すが、一族が乙訓郡に居たことはよいとして、榎本の起源地については、大和国葛上郡榎本庄（奈良県御所市柏原小字榎ノ本）にもとづくものかとみられており（佐伯有清氏）、これが妥当であろう。同地から南方の紀伊国へも発展したことが自然である。

これら狭手彦系大伴氏が本拠の高市郡から近隣の諸郡に分出していったことが分かる。

五　壬申の乱と奈良朝期の大伴・佐伯一族

奈良時代の大伴氏本宗の動向

大化改新の後の大化五年（六四九）に大伴長徳が短期間、右大臣に任ぜられたことは先に述べたが、天智天皇の崩御後に皇位争いの壬申の乱（六七二年）が起きると、大伴氏では一族をあげて大海人皇子側につき大活躍する。長徳の弟、大伴馬来田（まぐた。望陀とも）・吹負（ふけい。男吹負とも）の兄弟が兵を率いて軍功を立てた。馬来田は大海人皇子の東国入りに従ったが、大和に留まった吹負が百済の家（橿原市高殿か）から飛鳥寺に向けて行った奇襲作戦で飛鳥古京を占拠したことが大海人方の逆転勝利に導く要因だったとの見方もある。この兄弟とともに、長徳の子の御行《みゆき》（吹負の甥）も功があって、功封百戸を賜り、後に氏上や大納言となって、その死後には正広弐右大臣を贈られた。その兄弟の友国は同皇子の舎人として『書紀』に見えており、一族の大伴朴本連大国（狭手彦の後裔）も同じ陣営に

壬申の乱に勝利した天武天皇が即位した飛鳥浄御原宮跡（大井戸遺構）

加わったことは先に述べた。

これらの功績で、以後、奈良時代末までの政界では、大伴氏から大納言（御行・安麻呂・旅人）・中納言（牛養・家持）・参議（道足・伯麻呂・駿河麻呂・潔足）等の高官になる者を輩出し、古慈斐《こじひ》・弟麻呂も従三位まで昇進している。ただ、大伴氏は当時は四流ほどに分かれて続いたため、本宗的な存在が稀薄になっている。

大伴氏一族はこうした高位にあったため、奈良時代に多くあった政争に関わる事が多く、長屋王の変では長屋王と親しかった旅人は事件前後に一時的に大宰府に左遷された。このときはこの程度で済んだが、橘奈良麻呂（左大臣橘諸兄の子）の変では古麻呂は拷問死、古慈斐（藤原不比等の娘婿。古麻呂の再従兄弟か）は流罪に処され、称徳天皇崩御後に復帰した。この事件には家持は関与しなかったが、後に藤原仲麻呂の暗殺計画に関わったとされ、薩摩守に左遷される。その後、壬申の乱で擁立した天武天皇とは別系統の桓武天皇が即位すると、今度は氷上川継の乱への関与を疑われて、家持は再び解官となり洛外に移された。その嫌疑が晴れて延暦二年（七八三）には中納言に昇進したが、その死後にも処罰をうけている。

桓武天皇は長岡京への遷都を家持死後の翌年（延暦三年、七八四年）に実行する。大伴氏はこの政策に不満を持っており、遷都を指揮していた藤原種継を暗殺する事件を起こした。その結果、大伴一族が主謀者とされて、なかでも古麻呂の子で首謀者とされた大伴継人は死刑となり、直前に死去していた家持は除名とされ、継人・家持のそれぞれの子である国道・永主はともに流罪という処分を受け、大伴氏は大打撃をこうむった。

一方で、蝦夷対応の官職に関し、大伴氏からはかなりの数でついており、弟麻呂、駿河麻呂、益立、古麻呂、家持、今人などがあげられる。

佐伯連氏の分岐とその動向

大化改新に先立つ蘇我入鹿の刺殺（乙巳の変）のさい、入鹿を稚犬養連網田とともに斬ったのが佐伯連子麻呂とされる（『書紀』皇極四年六月条）。子麻呂は、次いで同じ大化元年十一月に、阿倍渠曽倍臣《こそべ》（欠名）と共に兵を率いて古人大兄皇子とその子を斬った。天智五年（六六六）五月には天智は病気の子麻呂をその家に見舞い、死後には大錦上（後の四位相当）を贈っており、天平宝字元年（七五七）には子麻呂の乙巳の功田四十町余を上功田として三世に伝えさせたと見えるから、軍事功績が大きかったことが知られる。

佐伯氏の先祖の室屋大連には、子の談とともに宮門の左右を警衛した伝承があり、これが大伴・佐伯両氏が左右で宮門を護った起源だとされる。宮廷警衛や軍事の任にあたる際に、大和王権に服属して国内に移配された蝦夷を編成した佐伯部を管掌した伴造ということで、佐伯氏の名がある。この氏が警衛を主担した宮門は、当初、氏族名から「佐伯門」と名づけられたが、平安宮では唐風文化の影響から、「さへき」に音が通ずる「藻壁門《そうへき》」と改められた。宝亀二年（七七一）の大嘗会では、大伴宿祢古慈斐とともに佐伯宿祢今毛人《いまえみし》が開門の役割を果たしている。これに先立つ、和銅三年（七一〇）の元旦朝賀においては、大伴宿祢旅人が左将軍として騎兵を陳列し、隼人・蝦夷らを率いている。

佐伯連の祖は室屋大連の子（ないし孫）の御物宿祢がとされるが、その氏の名が最初に史料に現れるのは、欽明朝に百済の遣使に対し筑紫で応対した「佐伯連」である（応対の内臣氏とともに両者が欠名。『書紀』欽明十五年条）。この同人とみられる佐伯連が阿倍臣らとともに、百済の王子恵を海軍を率いて護衛し百済に送り届けた。次の敏達朝では、敏達九年（五八〇頃）には、百済から帰ってきた「佐伯連」が仏像一体を持っていたことが記される。これら「佐伯連」はみな、同人であろう。最初にあげた『諸系譜』所収「佐伯系図」には、御物宿祢の子・戸難目が「敏達朝に内臣となる」との註記があるので、上記の欠名者はこの戸難目に当たる可能性がある。

次いで、崇峻即位前紀には、蘇我馬子の命により、佐伯連丹経手《にふて》が土師連磐村・的臣真噛とともに、皇位をめぐる推古天皇の競争者であった穴穂部皇子・宅部皇子を殺害した。更に、推古崩御後の皇位争いでは、佐伯連東人が巨勢・紀両氏と共に山背大兄王を推戴している。これらが子麻呂の前の時期に史料に出てくる佐伯氏の全員であるが、上記系図には、丹経手は、戸難目連の子で、東人連及び子麻呂連の父とされる。

佐伯氏は、東人連の後が本宗的な存在であって、その子の「広足―百足―浄麻呂―老」という流れが続く。壬申の乱のときには、大目（子麻呂の子。贈直大弐、賜封戸）が大伴連一族と同様、天武方で活動したが、男（広足の子）のほうは近江朝廷方の使者として筑紫に派遣されている。広足のとき、天武十三年（六八四）の八色の姓制定に際し、大伴連と同様、宿祢姓を佐伯氏は賜ったが、同時に宿祢賜姓をうけた五十氏のうち大伴同族はこの二氏だけであり、久米氏族からは山部連が同じ宿祢姓を賜った。天武四年（六七五）には、広足は風神を竜田立野に祀り、同十年には遣高麗大使に任命され、翌年には帰朝して復奏している。

奈良時代や平安前期では、佐伯氏は数流に分かれてかなり有力であったが、官位は殆どが四位・五位どまりというところで、三位・参議となったのは民部卿・大宰帥などを歴任した佐伯今《いま》毛人《えみし》（浄麻呂の甥。延暦九年〔七九〇〕薨、七二歳）だけである。今毛人は、造東大寺長官に三度、任じており、造西大寺長官にも造長岡宮使にも任じ、これらの功績で佐伯氏では前後に例のない参議に昇進した。この者は、平城京の左京に氏寺の佐伯院（香積寺）伽藍を兄・大蔵卿正四位下真守《まもり》とともに建造している。今毛人に次ぐ高位に昇った者としては平安前期の永継（老の甥）があげられ、天長三年（八二六）に左衛門督従三位で非参議となっている。

大伴氏と同様、蝦夷征討の任に当たった者が佐伯一族に多くあり、この関係の将軍・副将軍として石湯、久良麻呂、全成、三野が見える。

奈良時代の橘奈良麻呂の変、藤原仲麻呂の乱、藤原種継暗殺事件などで、佐伯氏一族がなんらかの関与をして被害が多くでたが、佐伯伊多智《いたち》は、仲麻呂の乱のときには仲麻呂の子の辛加知《しかち》を斬る軍功があって功田を与えられ、右衛士督従四位上まで昇進した（『正倉院文書』）。これら武力行使を伴う政治的事件では、佐伯氏は同族の大伴氏と行動を共にするところがあり、これは、大伴家持が「大伴と佐伯の氏は人の祖の立つることだて」（『万葉集』一八－四〇九四）と歌ったように、大伴・佐伯両氏の同族意識は奈良時代でも強かった。これが災いしてほとんどで負け組となり、延暦四年（七八五）の藤原種継暗殺事件の後は、大伴氏とともに氏族としての勢力は次第に衰えていった。それでも、図書頭佐伯子房《たねふさ》の娘は清和天皇の更衣となって従三位源長鑒《ながみ》・右衛門督長頼を生んでいる。

「**開門**」（宮門の開閉）の職掌は、御門神後裔の大伴・佐伯両氏において中世まで長く続き、例えば平安末期の保元三年（一一五八）十二月の二条天皇即位の叙位にあっても、伴職保と佐伯久貞（左少史）が開門ということで、従五位下に叙されている。さらに、治承四年（一一八〇）四月の安徳天皇即位の叙位では、伴季衡と佐伯宗直が「諸司」として同様に従五位下に叙されたことが見えるが、やはり開門という理由であろう。これに続く元暦元年（一一八四）七月には後鳥羽天皇の即位に関して伴基方・佐伯盛資が開門として従五位下に叙された。この慣わしが長く続いて、『花園院御即位記』には開門従五位下に伴豊方・佐伯為助が見え、南北朝期にも貞和五年（一三四九）十二月の北朝の『崇光天皇御即位記』（貞和御即位記）に伴・佐伯両氏が開門・閉門をつかさどり、焼香役に図書允伴光弘・主殿允伴守光、開門に伴従五位下守朝・佐伯従五位下盛教が見える。

また、伴氏と同様、**主殿寮**の官人に佐伯氏がおり、『続群書類従』巻二四五の「諸司職掌」には「主殿寮官人有両流　伴氏佐伯氏」と記載がある。その系譜ははっきりせず、『地下家伝』では従五位下佐伯宗教を先祖とし、この者が天延二年（九七四）に主殿大允になったと記すが、おそらく年代に疑問があり、『類聚符宣抄』に寛弘八年（一〇一一）民部史生と見える佐伯信兼の子孫ではないかとみられる。宗教の六代後（直系かどうかは不明）に上記治承四年の佐伯宗直が見えるから、仮にこれが直系だとしたら、宗教は十一世紀前半頃に活動した人物となると推定される。江戸期の主殿寮官人に佐伯姓の石原・岩屋があるが、各々助運（中原職茂の子）・職有（中原職庸の子）を祖とするというから、佐伯氏が絶えて中原氏から後継ぎを迎えたものか。

江戸時代後期の岸派の絵師に岸慶《がんけい》がおり、佐伯昌慶という名をもち、祖父の岸駒《がんく》（佐伯昌明）や父の岸岱（佐伯昌岱）と同様に有栖川宮家に仕え、禁裏絵所に出仕し、主殿寮生火官人として官位の長門介を拝領した。祖父の岸駒は絵師の岸派の祖で、越中あるいは加賀金沢の出身という。

佐伯造と諸国の佐伯直

佐伯連のもとで佐伯部の管理にあずかったのが、中央では佐伯造・佐伯首であり、地方では各地の国造の一族から出た佐伯直である。

中央の佐伯造・佐伯首は『姓氏録』に見えており、前者は右京神別、後者は河内神別に見えて、ともに大伴連・佐伯連の同族として記される。佐伯造の祖が雄略即位前紀に佐伯部と見えているから、大伴氏の一族に出ているとしても、分岐は早い時期だったのかもしれない。『書紀』によれば、雄略によって市辺押磐皇子とその舎人・佐伯部売輪《うるわ》（仲子）が同時に殺害されたが、この売輪の後裔が佐伯造であって、仁賢五年二月に諸国の佐伯部を集めて管掌させたとある。佐伯首も、その低いカバネからすると、同様な可能性がある。また、右京神別にあげる佐伯日奉造が「天押日命の十一世孫の談連の後」と見えることからいって、佐伯系統の祖・御物連は、実際には談連の子と位置づけるのが妥当か。ここでの「十一世孫」という世数は、健持と室屋を親子で結び、天押人命・天日咋命の二代を除いた数え方によるものである。

佐伯部は、蝦夷の俘囚が配置された瀬戸内海沿岸地域の播磨・讃岐・伊予・安芸・阿波の五ケ国に置かれたといい、『書紀』景行紀にその起源譚が記される。「佐伯」の語義について、隼人が呪術的効果をもつ「吠《ほ》い人《と》」に通じるものとして「騒ぐ」に由来するとみる志田諄一説に同意したい。佐伯部をその地域で管理する佐伯直もそれぞれの地域にあるが、なかでも有力だったのは、播磨と讃岐であった。播磨国造の一族から佐伯直氏が出たが、播磨から讃岐に分かれたので、佐伯直氏も讃岐にある。播磨国造は景行天皇の皇子・稲背彦《いなせひこ》命の後裔と称したが、実際には大王位簒奪をした応神天皇の弟・御諸別命から出ている（稲背彦命は皇子ではないが、その後裔ということは認めて良い）。

播磨の佐伯直氏の起源については、応神天皇巡幸のさいに随行した阿良都命《あらつ》（一名は伊許自別）が播磨国神埼郡で倭建東征の際に俘虜となった蝦夷の後裔を発見し、天皇からその支配を命じられ、氏の名を針間別佐伯直と賜り、庚午年籍のとき（六七〇）に佐伯直とされた（『姓氏録』右京皇別）。仁徳紀には、播磨佐伯直阿俄能胡《あがのこ》（阿我乃古）が見えるが、『播磨国風土記』神前郡の記事から見て、先にあげた阿良都命とも同人か。

この一族は播磨から右京、山城（六国史）や河内（『姓氏録』河内皇別）へ進出して本貫の変更をしており、天応元年（七八一）に造船瀬所に稲を寄進して一挙に外従五位下を与えられた佐伯直諸成もいる。諸成は播磨国揖保郡に本貫があったが、延暦元年（七八二）の造籍のときに連のカバネを冒すことがあって是正されたというから、この系譜仮冒の行動傾向は讃岐の佐伯直と同様なものであった。諸成は後に従五位下に叙位しており、天長四年（八二四）には宿祢姓になった可能性もある（年代から別人説もある）。承和十三年紀には同じ揖保郡人、佐伯直宅守・同仲成等が本貫を右京六条二坊に変更されている。

播磨の支流であった讃岐の佐伯直氏については、空海など平安前期に高僧を輩出して活動が目覚ましいので、別項として次ぎに述べる。

安芸の佐伯直氏は安芸国造一族から出て、主に佐伯・沼田・安芸郡に居た。安芸国造は、天孫族の玉作連の支族で、物部連とも近い同族であった。

後世に現れる安芸の佐伯氏は、佐伯鞍職《くらもと》を祖とすると伝え、厳島神社の祭祀に関与して神主家となった。平安末期から鎌倉初期にかけて活動した佐伯景弘はその後裔とされ、佐伯朝臣を称した（同社の仁安三年の解文）。長寛二年（一一六四）に景弘の史料初見の時には、既に平清盛と密接な関係にあった。平家が滅びると、景弘は源頼朝に接近し、その後も依然として厳島神主の役職にあり、文治四年（一一八八）には頼朝に命ぜられて壇ノ浦で安徳天皇と共に海中に沈んだ宝剣の捜索を行った。治承三年（一一七九）には、「正国造兼修理惣大検校散位佐伯朝臣」として景弘が見える。

景弘の後も厳島神官として佐伯氏は長く続き、厳島社家棚守氏はその後だという。安芸郡の田所・石井・上田・三宅の諸氏もこの一族とされる。石井七郎末忠は、延元元年（一三三六）五月に南朝方の楠木正成の下で湊川に戦死している。

また、安芸の佐伯部の出で佐伯部三国は、八世紀後葉の人で駿河介外従五位下となり、延暦二年（七八三）に佐伯沼田連を賜姓した。

厳島神社（広島県）

讃岐の佐伯直氏とその後裔―空海の登場

讃岐の佐伯直氏の実際の系譜は、播磨の支流であったが、神別の佐伯連の流れだという系譜を早くから仮冒して称した。中国から真言密教をもたらした**弘法大師空海**（生没が七七四～八三五）は俗名を佐伯直真魚《まお》といい、讃岐国多度郡（現・香川県善通寺市あたり）を本貫とする佐伯直氏出身であったが、貞観三年の伴善男らの奏言には大伴連から分かれたという系譜仮冒の所伝があることを記し、『続群書類従』所収の「伴氏系図」や『弘法大師系譜』なども同様の内容で記される。

伴善男の奏言には、室屋大連の第一男御物宿祢の胤、倭胡連公が允恭天皇の御世に讃岐国造に任ぜられ、これが佐伯直豊雄（正六位下書博士。空海の甥で、酒麻呂の子）等の別祖だといわれる。しかし、倭胡連公の存在が疑問であり、允恭朝に讃岐国造に任命というのも虚偽である。伴善男が家記に照らして見るにこの系譜に偽りはないと奏言したが、この言がそもそも偽りであって、善男が講じた勢力拡大策の一つであったとみられる。「伴氏系図」には金村大連の弟に歌連をあげ、この者が讃岐の佐伯直の祖だという。しかし、太田亮博士が指摘するように、『門跡血脈』『雲上明覧』などには景行天皇後裔と記しており、直姓が連姓から貶姓されることは考えられない。これは、甲斐の大伴直と同様である。

空海は、父が郡司少領の佐伯直田公《たきみ》で、その父の男足は多度郡擬大領であった。実弟の真雅（法光大師、大和尚）も空海の高弟の一人であり、一族から真然（空海の甥という。僧正）や実恵（初代東寺長者で大法師。父は佐伯宿祢長人）・道雅（少僧都）・守寵（伝灯大法師）・道雄（大法師）などの当時高名な僧を輩出した。縁戚からも、智泉（俗姓は阿刀氏か。空海の外甥）、**円珍**（智証大師、空海の縁戚で、母が空海の妹とも姪の子ともいう。父は和気公宅成）などが出ており、これら宗教家が平安期の真言宗・天台宗の発展を支えた。

空海が開いた高野山は真言宗総本山金剛峯寺となり、佐伯姓の諸家が中世・近世まで寺務で残って、高野山領の官省符庄の「四庄官家」高坊・田所・亀岡・岡の四氏一族を出した。慶長十九年（一六一四）十月の大坂冬の陣に際し、紀州伊都郡の九度山に蟄居の真田幸村が大坂入城すると、配下として九度山近隣の郷士や高野山の僧も大勢参加したが、豊臣氏滅亡の後に、高野山は、徳川幕府の指示で大坂方に与した敗残の兵に対し、蟄居・役職停止を命じ、禄米を六分の一に減じた。庄官家でも、大坂不参陣の岡家を除く三家（大坂参陣）が高野山の法会に参加出来なくなった。

空海縁戚の円珍が叔父作成の一族系図に加筆した文書は、**「円珍俗姓系図」**（承和年間〔八三四～八四八〕に成立）として知られており、大津市園城寺（三井寺）に伝来の『智証大師関係文書典籍』の一部として国宝指定される。系図の記事では、景行天皇の子という武国凝別命《たけくにこりわけ》を始祖とする伊予の御村《みむら》別君《わけ》の支族で、讃岐の因支首《いなぎ》（後に和気公を賜姓）一族の出であったとされる。本図は竪系図としてはわが国最古のものであり、平安前期の系図の在り方を示す貴重な史料である。なお、武国凝別命については、実際には景行の皇子ではなく（『書紀』には皇子として記載があるが、『記』には見えない）、応神天皇の先祖にあたる者であった（このため、『旧事本紀』天皇本紀には大和の「添の御杖君等の祖」とも見える）。だから、史料の伝来が古くて信頼できるものであっても、系図そのものが正しいわけではないことに留意したい。

なお、讃岐の佐伯氏が松原弘宣著『古代の地方豪族』（一九八八年刊）にも取り上げられており、

高野山（奥の院）

円珍の系譜は、佐伯有清博士が『古代氏族の系図』所収の「和気公氏の系図」で分析しているので、併せてご参照されたい。

平安中期以降の佐伯朝臣氏

空海の兄とされる鈴伎麻呂《すずきまろ》は外従五位下に叙されたが、その没後の貞観三年（八六一）十一月には遺子の貞持・貞継（貞観三年記事や系図には「貞」だが、承和三年・四年紀に見える「真」のほうが正しいか）ら一族十一人は、佐伯宿祢姓を賜り左京職に貫した（このときに、改めて賜姓を確認された者があったか。承和四年紀と記事内容に重複がある）。この佐伯直・宿祢姓の流れの人々は、先に承和三年十月紀には讃岐国人の佐伯直真継・同姓長人が本貫を左京六条二坊に本貫変更がなされて京都移住があり、その翌年には長人らに宿祢賜姓があった。

讃岐出の佐伯宿祢一族は、その後も宮廷の官人にあったようで、平安中期以降に見える**佐伯朝臣**の人々は、系譜不明ながら直・宿祢姓の流れをうけたとみられる。空海一族のなかでは、甥の真持が玄蕃頭従五位下と最も高位になっており、この流れであったか。

系譜を探ってみると、十世紀前葉には、『外記補任』に延長七年（九二九）大外記に任じ、翌八年には従五位下に叙されて上総介に転じた佐伯滋並が見えており、その約五十年後に少外記・大外記で見える佐伯公行につながる存在であったか。滋並の次の世代にあたるとみられるのが、『類聚符宣抄』天徳三年（九五九）七月に左少史で見える佐伯是海で、この者が公行の父だった可能性がある（従って、系譜は「滋並―是海―公行」か）。

「佐伯朝臣」となった人々では、まず**佐伯朝臣公行**があげられる。初め蔵人所出納となり、天延二年（九七四）に少外記から次第に立身して大外記から能登権介に任じ、遠江守・信濃守などを経て、長徳四年（九九八）八月に従四位下公行は播磨介になっている。更に寛弘六年（一〇〇九）には伊予守佐伯朝臣公行と見え（『政事要略』）、公行の妻（高階光子〔成忠の娘。一条天皇の皇后・定子の叔母〕）と娘が中宮彰子（道長の娘）を呪詛したことで追捕されている。翌同七年には、正四位下で公行は出家した（『権記』など）。この公行のときに佐伯朝臣姓を賜ったものか。京都郊外の清閑寺（真言宗）は一条帝のときに伊予守佐伯公行の建立したものだと伝える。『今昔物語』第二七巻には、播磨守佐伯公行の子に佐大夫某がおり、阿波守藤原定成の供で阿波に向けて渡海途中に船が難破して、海に落ちて死んだことが見える。

その次の世代で佐伯朝臣姓で見える出雲介真忠や加賀権介良忠は、公行の子であったか。十一世紀末頃には、主計属などで見える佐伯貞義・義保親子があった。十二世紀代にも主計属・主税属や外記・下家司などで佐伯氏の氏人が見えるが、中原俊章氏は、十一世紀末頃の播磨貞則（藤原師通の下家司）は佐伯貞義の同僚であり、「佐伯氏の貞義以前の系図は不明であるが」としつつも、この播磨貞則の時代から佐伯氏と播磨氏は密接な関係にあった、と指摘する（『中世公家と地下官人』）。播磨氏から佐伯氏へ養子縁組をした例も見えており、それもそのはずで、両氏はもともと同族であった。

万葉歌人を輩出した大伴一族

話しを奈良時代の大伴氏に戻して、『万葉集』は**大伴家持**が編纂した（ないし、編纂に大きな役割をはたした）、といわれてきた。そのせいか、家持をはじめとして、大伴一族からは大伴旅人、大伴坂上郎女などといった歌人を多く世に出した。

家持は有名なので簡単に触れると、内舎人で出仕し、越中守に赴任して管轄地域を巡行したり同族の池主（御行の孫で、家持からみれば父の従兄弟）と交流したりで、これらの関係の歌が多く残る。越中守時代の家持の作品は二二五首（『万葉集』収録の家持全作品の約四六％）も数える。兵部少輔として家持は防人を検校して東国の防人歌を多く集め、右中弁等を経て、橘奈良麻呂の乱に関与した嫌疑もあって因幡守に左遷されたが、天平宝字三年（七五九）正月の因幡国庁での饗宴のときの歌で『万葉集』は終わる。ここには、合計で四七〇首代という数の家持の歌がおさめられる。

越中守として赴任し、多くの万葉歌を詠んだ大伴家持の像（富山県高田市の二上山）

その後、大宰少弐、左京大夫、衛門督、参議などを経て、延暦四年（七八五）に六八歳（『公卿補任』など）で死去し、波瀾万丈の生涯を終えたが（没地は陸奥の多賀城か）、そのときには、中納言従三位兼春宮大夫陸奥按察《あぜち》使鎮守府将軍であった。その死後直後に起きた藤原種継暗殺事件に連座し、家持は主謀者と目されて除名、私財・領地の没収がなされたが、大同元年（八〇六）に天皇の病状が重かったので、この関係で家持も恩赦を受け、本位に復した。

大伴坂上郎女は、家持の叔母、すなわち大伴安麻呂と石川内命婦（石川郎女）の間の子であり、稲公（大和守従四位下）と同母、旅人・田人の異母の妹である。初め穂積皇子に嫁し、その薨去後には宮廷に留まり命婦として仕えるというも、養老末年頃、異母兄大伴宿奈麻呂の妻となり、坂上大嬢・坂上二嬢を生んだ。神亀年間に夫の宿奈麻呂が卒した後は、大宰帥の旅人を追って大宰府に下向したが、天平二年（七三〇）の帰京後は奈良の西の佐保邸に留まり、一家の刀自として、また氏族の巫女的存在として、大伴氏を支えたという。宿奈麻呂の長女、田村大嬢も歌人で、叔父稲公の妻となった。坂上郎女の娘のうち、長女の坂上大嬢も歌人で家持と結婚し、次女の坂上二嬢は大伴駿河麻呂と結婚した。このように大伴一族間の結婚が多い。

坂上郎女は、額田王以後では最大の女性歌人であり、万葉集に長短歌八四首を所載し、古歌の模倣が多いとされる。女性歌人としては最多の入集であり、全体の数でも家持・人麻呂に次ぐ第三位にあたる。在越中の家持と共に万葉集の編纂作業を奈良でしていたという説（伊丹末雄氏）もある。

この坂上郎女の別業として竹田庄（十市郡竹田で、橿原市東竹田あたり）や跡見庄（磯城郡外山で、桜井市外山）が『万葉集』の記事に散見され、また奈良時代末から平安初期の郡司クラスに大伴一族の名が見えることから、これら地域が大伴氏の基盤とみる説もあるが、奈良時代にこの地域に勢力があったとしても、これは本拠ではなかったことに注意したい。

大伴一族では、ほかに安麻呂、東人、像見《かたみ》、胡麻呂（古麻呂）、千室、書持（家持の弟）、道足、御行、三依、四綱など多くの氏人の歌が『万葉集』のなかにあげられる。

同族の佐伯氏一族でも、赤麻呂や東人（大麻呂の子）夫妻の歌が『万葉集』に見える。三首が残る佐伯宿祢赤麻呂は『続日本紀』にも見えない下級官人であったが、「佐伯宿祢系図」に広足の孫、壬申の乱のときの男（従五位上大倭守）の子とされ、官位は従六位上にとどまった。その子の越中掾浄継の子孫は在地の越中にあったようで、浄継の四世孫の河雄及びその甥の宅主（屋主）は各々従七位下の官位で（前者は史生、後者は医師）、『越中国官倉納穀交替記』に見える。久米氏族から出た山部連赤人も著名な万葉歌人である。

立山。越中の佐伯一族が開発した。

これら大伴・佐伯あるいは山部などの諸氏で和歌が詠まれたのは、古来の久米歌の伝統をひいたものだったか。久米歌は大伴・佐伯氏に受け継がれ、久米舞では大伴氏は琴を弾き、佐伯氏は刀を持って舞う（すなわち、土蜘蛛を斬る仕草）、と『令集解』職員令に記される。『延喜式』には、大嘗祭に久米舞の奉仕があったことを伝え、『三代実録』の貞観元年（八五九）十一月十九日条には、「悠紀《ゆき》・主基《すき》」の両帳を取りはらって、清和天皇は豊楽殿に出て百官とともに宴を開いたが、そのとき大伴、佐伯両氏が久米舞を、安倍氏が吉志舞を演じた」と記されているから、久米舞の伝統が長く続いていたことがわかる。

越中の佐伯氏と立山開発

併せて、**越中の佐伯氏**について触れておくと、北アルプスの**立山**《たてやま》（最高地点は大汝山《おおなんじ》で、標高三〇一五メートル）の開発は、佐伯一族により行われたと伝える。立山には早くに山岳修行者が入山していたが、越中に在国した家持も立山の歌を詠んでいる。立山は九世紀半ば頃から十世紀初頭までに開山されたといわれ、天台教団系の宗教者たちの一拠点となり、修験道の聖地となってきた。

鎌倉時代に増補の『伊呂波字類抄』十巻本の「立山開山縁起」に初めて、「越中守佐伯有若宿祢」が開山者として登場する。「佐伯有若」については、昭和初年、富山の歴史学者木倉豊信が京都の「随心院文書」のなかの「佐伯院付属状」（延喜五年〔九〇五〕七月十一日付）に、「越中守従五位下佐伯宿祢有若」の署名があることを発見し、十世紀初頭の実在を証明したが、この有若その人が実際に立山を開山したかどうかは、この史料から断定できない。

いまでも佐伯という名字が富山県の立山周辺に多く残り、とくに富山県中新川郡立山町の芦峅《あしくら》寺集落の立山ガイドはいつの時代も佐伯姓が多い（これに同じ祖先という「志鷹」姓が若干）とされる。この関係者から有名な登山ガイドを輩出し、最近の映画『劒岳　点の記』でも、立山ガイド協会の会員が撮影の支援に当たった。姓氏研究の大家、佐伯有清博士の祖先は富山藩に仕えた家であった。これら越中佐伯氏の祖先は、上記越中国司の佐伯有若・有頼父子と伝え、有頼（後の慈興上人）が白鷹を追って立山に入ったとも、有若が立山を開いたとも、式内社の神度《かむと》神社を大宝二年（七

芦峅寺（富山県立山町）

○二）に建てたとも伝えるが、その名前が大宝当時のものとは思われず、伝承も含めて疑問が大きい。
上記の木倉豊信の見解としては、「伝承や縁起から想うに、古来、新川郡布施保（注：中世の地名、現在の片貝川の支流である布施川の両域で、黒部市と魚津市の一部）に蕃延した佐伯一族が、天台宗寺門派に帰依し、国司として来任した有若という指導者によって、集団的に立山山麓に移動して芦峅寺を起し、後に有若を開山と仰いだ」とされる。

佐伯有若が越中国司として実在であったとしても、この木倉見解のような行動を国司がとったことは考え難い。『立山縁起』には佐伯有若・有頼父子の居館がもと新川郡布施院の犬山村にあったというが、国司の居館の地としては不自然である。おそらく、越中の佐伯氏は、上記『越中国官倉納穀交替記』に見える佐伯河雄・宅主一族の末流とするのが自然ではなかったろうか。ともあれ、立山の雄山山頂には新川郡式内社の雄山神社の峰本社が鎮座して、その祭神が手力雄命とされており、この神は大伴・佐伯氏の遠祖神であるから、佐伯一族による立山開基は信頼してよさそうである。神度神社のほうは、同じ新川郡の式内社（中新川郡上市町森尻に鎮座）で、立山権現とも称していた時期もあったから、立山との関連は考えてよい。白鷹を追う佐伯有頼に対し、その行方を教えた白髪の老翁（森尻明神）を祀ると伝える。

大伴氏族が奉斎した式内社

越中の佐伯一族を神社に関連して見たところで、大伴・佐伯氏及び久米氏の一族諸氏が奉斎した神社（紀伊国の神社は先に触れたから、それ以外の地域）も併せて見ておく。

志田諄一氏は、「大伴氏は大豪族としては例外に属するほど、祭祀的伝承がとぼしい氏族である」

といい、「大伴氏には高皇産霊神との結びつき以外は、あまり明らかではなく、延喜神名式でも大伴を冠する神社はわずか三例を記すだけである」と指摘する（黛弘道氏も、「祭祀的な性格が比較的薄い」というが、それは物部氏と比較した場合だとも限定する）。たしかに、この氏には祭祀伝承が乏しいが、だからといってこの一族が祖先神を祭祀しなかったわけではない。それは、『古屋家家譜』が知られるようになるまでは、大伴氏の遠祖たちの神統譜が明らかではなかった事情もある。また、「大伴」という職掌に因む名を神社に冠すること自体があまり多いとは言えない事情もある。こうした諸事情があるから、大伴氏の神統譜や活動、地域分布を踏まえて、その祭祀関係を見ていかねばならない（なお、高皇産霊神との関係は先に述べたが、この氏族の祖神ではないことに留意したい）。

まず、志田氏がいう延喜神名式で「大伴」を冠する神社の三例であるが、これは、①山城国葛野郡の伴氏神社、②河内国志紀郡の伴林氏神社、③信濃国佐久郡の大伴神社、である。これらは、大伴氏宗族よりも主に支族が奉斎関係にあった神社といえそうでもある。そうすると、宗族はますます祭祀に関係しない氏族になるが、決してそういうことではない。上記三式内社について、奉斎者等を諸伝も踏まえて整理すると、次のようになる。

①山城国葛野郡　**伴氏《ともうじ》神社**

「大社　月次新嘗」とある式内社だが、論社として二社があるとされるものの、その一つが北野天満宮末社で道真母公を祀る後世の社だから、論社という取扱いは疑問であり、京都市右京区にある住吉大伴神社しか現在は比定すべき神社はない。承和元年（八三四）正月に、葛野郡上林郷の方一町の地を伴宿祢等が賜り氏神を祀る処としたと『続日本後紀』に見えており、これが「伴氏神社」の由来である。

その後、「全く史上にその名を没し、近世に至るまでその所在不明のままであった」と『式内社調査報告』に記されるくらいで、どこかの時点で（平安末期から鎌倉初期にかけての時期か）、当地を領した公家の徳大寺家により和歌の神様として住吉神がもたらされて、これと合わせて現社名の住吉大伴神社となり、いま祭神は住吉三神・天押日命・道臣命とされるから、中世以降の大伴一族の衰退ぶりが窺われる。

この鎮座の地・上林郷は名前の示すとおり、大伴支族の林連が住んだ地であって、近くに下林郷もある。同社は一座だから、もとは祖神・天押日命を祭ったものか。この鎮座地の龍安寺村に関して、『式内社調査報告』は和名抄によれば、龍安寺は馬代《めて》郷に属し上林郷とは別であったこと、当住吉神社がかつて大伴神社と呼ばれたことはなかったことなどから、比定に疑問を呈している。従って、当社については、正しくは所在不明か消滅としたほうが妥当であろう。

住吉大伴神社（京都市右京区）

②河内国志紀郡　**伴林氏神社**

『和名抄』の河内国志紀郡拝志《はやし》郷、現在の大阪府藤井寺市林に鎮座し、祭神は高皇産霊神を

大伴神社（長野県佐久市望月）＝おみやさん．ＣＯＭ

主祭神とし、大伴氏の祖神である道臣命・天押日命を配祀する。ここでもハヤシという地名が見られるが、佐伯連支流の林連の居住に関係する。林連は佐伯連同族で御物連の後裔とされるが、初祖は舒明朝頃の糠虫《ぬかむし》連とみられるものの、佐伯連からの分岐過程は不明である。上記の拝志郷に起こったとみられ、後に宿祢姓を賜って『姓氏録』河内神別に掲載される。ハヤシを名乗る別系統の氏族もあり、百済系の林連（『姓氏録』左京諸蕃・河内諸蕃）・林史（同・摂津諸蕃）、倭漢直一族の林忌寸や武内宿祢後裔と称した波多臣一族の林臣・林朝臣（『姓氏録』河内皇別）と区別される。

林連支族に伴林宿祢もあり、天長十年（八三三）二月には右近衛将曹の伴林宿祢御園等が伴宿祢を賜姓した。林宿祢の後裔は中世、紀伊国有田郡の地頭としてあった。

③信濃国佐久郡　**大伴神社**　これについては、次項で詳しく検討する。

信濃の大伴神社と滋野三家

佐久郡式内社に比定される**大伴神社**は長野県佐久市望月にあって、現在は「月読命・天忍日命・天道根命」を祭神（ほかに、須佐之男命・大己貴命・少名彦命を合祀）とする。『北佐久郡志』では、祭神を武日命・月読命とされる。同社の旧鎮座地は、現在地の北五町ほどの字「椀《わん》の木《き》」といわれ、「椀」は「椀子・丸子」に通じる地名である。同社の四キロほど西の北佐久郡立科町芦田の古町地区には蓼科《たてしな》神社があり、高皇産霊尊を祀り、その奥宮は倭建東征のときに奉斎したと伝える。いま蓼科社家は伴野という。

信濃には、『和名抄』に伊那郡伴野郷（旧神稲村あたりで、現・豊丘村）があげられ、この伊那郡のほか『東鑑』では佐久郡にも伴野庄（佐久市の伴野・野沢・臼田・前山の一帯）が見える。『日本霊異記』下廿三には宝亀五年（七七四）頃の同国小県郡嬢《おうな》里（『和名抄』の童女《おむな》郷で、中世の海野郷。現・東御《とうみ》市本海野あたり）の人、大伴連忍勝が氏寺の堂を建てた善行で生き返ったことが見えるから、当地の有勢者であった。ここまでも同書に引く記事のなかに大伴一族の者が見えるが、著者が薬師寺の僧・景戒であり、その記述から紀伊国名草郡の大伴氏の出身とする説があることに留意したい。

小県郡海野から平安後期に起こったのが豪族海

千曲川（長野県上田市の大屋橋付近）

野氏であり、その近隣の同郡真田から起こったのが**真田氏**で、中世から見えており、海野氏の支流で幕藩大名となった。海野氏やその同族の望月・祢津氏は「滋野《しげの》三家」とされ、中世では滋野朝臣姓（紀国造の支族）と称したが、その実、古代大伴氏の流れをくむ可能性があるとみる説もある（一志茂樹氏や『式内社調査報告』大伴神社の項など。なお、『霊異記』下廿二には宝亀四年に急死の小県郡跡目里の富者、他田舎人蝦夷の話しも記されるから、海野一族の出自がこの科野国造族という可能性も考えられる）。

この一族は信濃国最大の官牧で名馬産出で名高い望月牧の牧監として勢力を貯えた。「望月」の名の由来は、平安前期（貞観七年、八六五年）に、朝廷が八月二九日に行っていた信濃国の貢馬の「駒牽《こまひき》」の儀式を、満月の日（＝八月十五日。望月）に改めたことに因るとされる。蓼科神社のある佐久郡芦田にも、滋野一族という芦田氏があった（「信州滋野氏三家系図」）。これらを含め千曲川流域の各地には、上記のほか根井・浦野・臼田・田中・小室（小諸）・小田切・香坂・塩川・布施など、居地名を名乗る滋野一族諸氏が繁衍した。

信濃国小県郡の大伴氏の祖先系譜や中世の後裔については、具体的なことは不明だが、出自は、倭建東征に随行した大伴一族がそのときに現地に残した後裔という可能性がある（その場合の姓氏としては、丸子部か大伴部か）。近くには丸子（旧小県郡丸子町。現上田市域）・鳥屋、その南に牛鹿（北佐久郡立科町牛鹿）の地名があって、これらが望月につながる配置となることも傍証する。牛鹿はいまは「うしろく」と訓むが、もとは「ウジカ」（宇自加）とみられ、倭建東征に副将として随行の吉備武彦一族に牛鹿臣があったからである。丸子の地名は、小県郡の依田川流域にあって、丸子部の居住を示唆し、望月同族の依田氏から丸子・円子氏が出た事情もある（後述）。丸子の長瀬邑には、やはり望月同族の長瀬氏がおり、『平家物語』には木曽殿義仲の家の子として長瀬判官代重綱が見えるが、この者は望月国親・根井行親兄弟の従兄弟であった。このように、丸子と滋野姓三家との密接な結びつきが知られる。

上古の倭建東征にあっては、一隊は甲斐から信濃に入ったが、信濃の後に、本隊が伊那から美濃に抜けたものの、その別働隊が吉備武彦に率いられて信濃から飛騨、越の道にまわった。こちらの経路では、越中には射水郡に伴部郷、越前には坂井郡に椀子岡《まるこおか》（丸岡町にある）の地名を遺した。海野宿の東端には白鳥神社があって、海野氏の氏神として祖神も倭建命に配祠されるが、倭建東征の帰途に滞在したことが同社の創祀と伝える。

信濃には、安曇郡、現在の松本市梓川上野に鞠子神社がある。その境内にはカエデ科の植物「メグスリノキ」（民間薬として樹皮を煎じて洗眼薬としたことが名の由来）一本があるが、海野一党は不思議に盲人・医術などと関係が深いという指摘もある。望月氏は祖神として北御牧村（現・東御市下之城）の両羽《もろは》神社（古代御牧の惣社）を祀り、同族の祢津氏も祖神の四宮権現（山陵宮獄神社）を祀ったが、この二神はともに京都にもあって盲人の祖神とされるという事情がいわれるから、鞠子神社は小県・佐久郡の滋野一族との関係も窺われる。

これら佐久・小県両郡の地から山を越えた西方に位置する安曇・筑摩両郡あたりで、中世でも大伴姓を称した武家があったので、次ぎに詳しく見ることにして、これらを併せて滋野姓武家の出自を考えることとしたい。海野一族からは、筑摩郡に会田・塔ノ原・苅谷原、安曇郡に光などの諸氏も分岐している。

信州安曇郡の仁科氏と飯縄明神

安曇郡の中世大族に**仁科氏**があり、仁科御厨（現・大町市域）の荘官から起こり、大伴姓を称していた。これも、実際の出自と関係があったものか。『源平盛衰記』に「信濃国住人仁科太郎守弘」と見え、その子の盛家（一に盛宗）が木曽殿義仲に従い、備中水島合戦で討死したのが『吉記』の寿永二年（一一八三）に仁科次郎盛家の名で見える。この源平争乱期あたりが仁科氏の活動が知られる初期段階である。守弘の父（一に養父）が大伴任清といわれる。鎌倉初期頃から同郡穂高神社の祠官家穂高氏（安曇犬養連姓）と共に穂高神社造営に関与したり、仁科・穂高の両氏が通婚したりという活動のなかで、「大伴姓」あるいは「平姓」で「盛」の通字をもって仁科一族が文書に現れる。鎌倉前期頃の神主安曇則吉の妹が「判官代大伴盛兼の妻」との記事が系図に見え、穂高神社造営文書に長享三年（一四八九）奥書に「治部少輔大伴盛知」と見える。

仁科氏では、承久の変の時に仁科次郎盛遠が現れる。この者は、後鳥羽上皇の北面武士になったことで承久の変の引き金となったともいわれ、院方の兵として越中の礪波山で幕府軍と戦い討死した（『承久記』など）。『東鑑』には、暦仁三年（一二四〇）の将軍上洛の随兵に「仁科次郎三郎」が見えており、次郎盛遠の子の三郎盛義にあたるとみられるから、承久の後も家は存続した。『建武年間記』武者所結番交名には、仁科左近将監盛宗が見える。その後は、仁科氏は南朝方で活動が見えており、小笠原氏に属するようになるが、応永七年（一四〇〇）の大塔合戦では大文字一揆衆を率いて守護小笠原氏の軍勢を圧倒した。その一族が多く、沢渡・丸山・古厩・渋田見・日岐などの諸氏があり、戦国末期まで続いて森城（大町市の木崎湖畔）の城主であり、天文後末期に右衛門大夫（上野介）盛政（当時、実権をもったのがその祖父ないし父の道外入道・安芸守盛能〔盛明〕ともいうが）が武田氏に降った。仁科盛政が川中島合戦で戦死すると、その名跡を信玄の子の五郎盛信が継ぎ、信長の甲州征伐にあって天正十年（一五八二）に高遠城で討死をしたが、子孫は幕臣にあった。

仁科氏の系譜所伝は多様で（養子関係もかなりあったようで、系図には混乱が多い）、清和源氏井上一族、桓武平氏の維茂流とも重盛流とも、また古代犬養氏末裔、安倍貞任後裔などともあるが、長く伝えた「大伴姓」というのが実態に近そうである。

同じ安曇郡の矢原荘（矢原御厨）の細萱《ほそかや》氏も伴姓を称して、穂高神社の造営や猪鹿牧《いがの》（安曇野市穂高牧）に関与していたから、早くに分かれた仁科同族とみられる。筑摩郡の埴原牧《はいばら》（松本市域）に関与した埴原（村井）氏も大伴氏といわれる。『延喜式』に信濃十六牧とされる牧には、望月・猪鹿・埴原が含まれていた。また、祢津の新張牧《にいはり》、浦野あたりの塩原牧が小県郡にあった。浦野には国史見在の馬背《ませ》神社があり、社伝では景行天皇朝に日本武尊が日吉の像を勧請したという。

信濃十六牧の筆頭とされる「望月牧」を管掌した望月氏の支流は、飼養牧のあった甲賀の地で甲賀五十三家筆頭の近江の望月氏となった。甲賀望月氏の分岐系譜は不明で、平安時代の望月三郎兼家が祖だと伝えるが、名前からすると筑摩郡真光寺の滋野氏（後述）あたりにつながるか。戦国後末期にも、甲賀の望月千代女が信濃の望月盛時（当主盛昌の弟）に嫁し、信濃と甲賀との交流は長く続いたとされる。千代女は、武田信玄により甲斐・信濃の巫女の統帥とされ、諜報の役割を担った。

祭祀から見ると、仁科氏は、天照大神を祀る仁科神明宮（大町市社《やしろ》宮本）を氏神として奉仕したが、この祭神は伊勢神宮領であった仁科御厨と高皇産霊尊からの転訛か。戸隠権現と関係が深い飯縄《いいづな》（飯綱）明神の修験の長・千日大夫は仁科氏がつとめ、飯砂明神の旧社務に仁科甚十郎が見える。飯縄は白狐憑きで、山祇族の犬狼信仰に通じ、戸隠の九頭竜権現の慈風に当たるというから、祭祀は大伴氏につながる。飯縄明神は愛宕山天狗・愛宕権現に関連し、全国各地で約九百の愛宕社の根本社が京都市右京区の愛宕山にある愛宕神社（丹波国桑田郡式内社の阿多古神社で、愛宕山の西南麓の京都府亀岡市千歳町に元愛宕がある）であって、火神カグツチ（火産霊神）を祀るから、一貫して山祇族の祭祀であった。

そうすると、信濃北部では佐久郡から千曲川に沿って小県郡、さらに水内郡の戸隠神社・飯縄明神、安曇郡へと古代大伴一族の末裔が分布したことになる。この信濃の仁科氏とは別系統で、古代から美作に大伴姓の仁科氏があったとも伝え、岡山県浅口郡出身の昭和期の原子物理学者仁科芳雄はその末流だという。

これら諸事情も含め総合的に考えると、中世に滋野朝臣を称した海野・望月一族諸氏の先祖系譜については、私見は大伴一族出自説のほうにかなり傾いている（科野国造一族の他田舎人から望月牧監に任じた者もでており、両氏が混合した可能性も考えられるが）。ただ、大伴連本宗からの分岐は早く、四世紀代ではなかったか、とみられるから、その場合の当時の姓氏は丸子部か靫大伴部かであって、大伴連は姓氏仮冒か後の改賜姓だったたか。大伴連も紀国造も上古は同族で、月神奉斎の山祇族系統だったから、佐久郡の大伴神社では月読命や紀国造や滋野宿祢の祖の天道根命が祀られることは自然である。滋野三家などでは月輪七九曜紋など月や星を用いた家紋を用いた事情も、月神の奉斎に基づくものであった。

大和で大伴氏族が奉斎した神社

大伴氏族と関係諸氏の祭祀事情が上記のようなものであるから、この氏族が祭祀とあまり関係が

鳥坂神社（橿原市鳥屋町）

見えないと言うのは、狭い視野からの誤解であることがわかる。そこで、大伴一族本体が古来、居住した地域、大和国高市郡にある古社を見ていきたい。

まずあげられるのは、橿原市鳥屋町にある同郡式内社の**鳥坂神社**である。いま祭神は豊受比咩とされるが、『五郡神社記』等に見えるように高皇産霊神・天忍日命が祭神二座にあたるとしてよさそうである（あるいは天忍日命・道臣命か）。また同市久米町の久米御県神社は先に見たが、高皇産靈命・大来目命・天櫛根命を祭神とするという。もとは一座だから大来目命だけだったか（天櫛根命は、天孫降臨に見える「天串津大来目」にあたるか）。

大伴氏の神統譜からは、同郡式内社の「気吹雷《いふきいかづち》響雷吉野大国栖《おおくず》御魂神社　二座、並名神大、月次新嘗」にも注目される。同社を吉野郡下市町の国栖神社に比定しようとする見方もあるが、地域から考えると不明としたほうがよい。『大略注解』等には波多郷の稲淵山山上にあるというが、いま不明となっている。「大国栖御魂神」とは九頭竜神の異名をもつ天手力男神という大伴氏の祖神であり、**吉野の国栖**の祖神でもあった。国栖という氏は、『姓氏録』大和神別で地祇に分類されており、神武の大和入りのときに出会った「石穂押別神《いわほおしわけ》」の後とされるが、紀国造と同族であった。

天手力男神（九頭竜明神）は、同郡高取町越智にある式内社・**天津石門別神社**でも祀られるから、この神社にも留意されるが、これは後述する。

また、葛下郡式内社の石園坐多久虫玉《たくづたま》神社（今の「虫」は「豆」の誤記から転訛。大和高田市片塩町）も旧浮穴村三倉堂にあり、竜王社とも呼ばれたように、祭神は九頭竜神たる天手力男命であった。地理的にも新沢千塚の西北近隣にあって、伊予の久味国造領域の浮穴郡が想起される。大伴氏族・紀国造の同族の爪工《はたくみ》連が居た可能性もある。爪工部君が信濃の小県郡海野郷に居たことは、「調布墨書銘」（『寧楽遺文』）で知られる。

同郡式内社の**金村神社**（葛城市新庄町大屋）はどうかという問題もある。その神社名から大伴金村大連を祀るといわれているが、当地と大伴金村との関連は不明であり、古社で祀られる祭神たちの活動年代などから考えても、総じて金村祭神説は否定されている。私見でもこの立場にあったが、狭手彦系の大伴氏が葛城郡にも見られるので、金村大連と直接の関係はともかく、なんらかの関係があったのかもしれない。地名の「大屋」は、日本列島に樹木を植えたという伝承をもつ植樹神の大屋彦神（五十猛神）に関係がありそうで、摂社の日暮神社には月読尊を祀

門僕神社（森の手前に鳥居が見える。後方は鎧岩＝宇陀郡曽爾村）

るというから、総じていえば、紀伊の紀国造の一族が来住して奉斎したのではないかという見方に通じそうである。

佐伯氏に特有の奉斎神社は、先に述べた越中以外ではとくに知られない〔註〕。大和や京都で、大伴氏とともに同じ神社を祭祀したものか。

久米氏族については、宇陀郡の式内社で同郡曽爾村今井にある門僕《かどふさ》神社も奉斎した。同社は、いま中臣連の祖・天児屋根命を主神として、天手力男命のほうは配祀神とされるが、門部の祖神を祀るというから、本来は天手力男命が主神であったとみられる。

〔註〕「**佐伯神社**」**という名の神社**は、式内社では出雲国神門郡（現出雲市神西沖町）に鎮座の佐伯神社一社しかないが、『風土記』所載の「波加佐」社に当てられており、従って実は「伯佐」なのだといわれるので、佐伯氏との関連はないとみられる。その祭神も日御埼神社と同じであって天照大神、須佐之男命とその五男神・三女神とされる。

これ以外では、佐伯神社として次の諸社があげられ、何らかの形で佐伯氏が関与したとみられ、また③を除いてそのように伝えるとされるが、いずれも沿革の詳細は不明。

①播磨国飾磨郡（現兵庫県姫路市白国）に鎮座の佐伯神社……祭神を阿良津命とし、播磨国造一族の佐伯直氏（苗字を白国）が歴代奉斎したという。
②常陸国久慈郡の佐伯神社（茨城県常陸大宮市〔旧・東茨城郡御前山村〕）
③丹波国桑田郡（現京都府亀岡市）の佐伯神社
④美作国真庭郡の佐伯神社（現岡山県真庭市〔旧・湯原町〕見明戸の見明戸八幡神社の摂社）

六　大伴氏の衰退と細々ながらの存続

伴善男と応天門の変

奈良時代の相次ぐ政治事件や権力争いにおいて、大伴氏は負け組になることが多く、家持の失脚もあり、その権利回復もあった。それでも大伴氏が完全に衰退したわけではなく、平安時代初期の桓武朝においても、大伴弟麻呂は初代征夷大将軍となって、坂上田村麻呂と共に蝦夷を征討した。その後、延暦廿二年（八〇三）に父・左少弁継人の藤原種継暗殺事件に連座して佐渡国に配流されていた**大伴国道**が赦されて帰京し、内外の行政事績をあげて次第に昇進した。その晩年の弘仁十四年（八二三）には淳和天皇（大伴親王）の即位に伴い、その名を避けて、大伴一族は「伴」（とも）と氏を改める。この年、国道は参議兼右大弁に任じ、天長二年（八二五）に従四位上に叙位した。この頃は東寺・西寺の検校として、空海と親交を結んでいる。天長五年（八二八）には陸奥按察使となって現地に赴任するが、同年冬に陸奥国で死去した。

承和九年（八四二）の嵯峨上皇崩御直後に起きた**承和《じょうわ》の変**では、仁明天皇の皇太子恒貞親王（淳和天皇の皇子）の春宮坊帯刀舎人《たちはきのとねり》であった伴宿祢健岑《こわみね》（馬来田の子の参議道足の子の参議伯麻呂の曾孫）が謀反の首謀者とされた。健岑は隠岐へ流され、一味とされた但馬権守橘逸勢《はやなり》（書の名人で、空海・嵯

『伴大納言絵巻』の応天門炎上の場面

峨天皇と共に三筆と称される）は伊豆に配流されており、健岑の近親一族も逮捕された。恒貞親王は廃太子とされており、藤原良房が願った道康親王（後の文徳天皇）の立太子につながる政変であって、藤原北家による最初の他氏排斥事件とされている。この事件で名族伴氏と橘氏に打撃を与えるとともに、良房の競争相手の藤原愛発（大納言。恒貞親王の舅で、良房の叔父）・藤原吉野（中納言。藤原式家）などをも失脚させており、良房はこの事件を機にその権力を確めて昇進を重ねていき、遂には人臣最初の摂政・太政大臣までのぼり、藤原北家繁栄の基礎を築いた。

その後、清和天皇の時代になると、国道の子、**伴宿祢善男**が頭角を現してきた。善男は、大内記、蔵人を皮切りに出世していき、蔵人頭・参議などを歴任し、民部卿・中納言を経て貞観六年（八六四）には大納言となった。その二年後の貞観八年（八六六）には、左大臣源信（嵯峨天皇の子で、嵯峨源氏の祖の一人）の失脚を図ったという**応天門の変**に伴善男が絡むことが判明したとされて、伊豆に流罪になった。その子の従五位上右衛門佐の中庸《なかつね》も隠岐に流罪となるなど、伴一族から配流となった者が多く出た。そのなかには、善男の弟・下野守河男や甥の清縄・高吉・夏影などの名も見える（『三代実録』貞観八年九月条）。中庸には元孫《もとひこ》・叔孫・禅師麻呂という三子がいて、いずれも配流されたことが知られるが、これらの子孫は信頼できる史料には見えない。

この応天門への放火嫌疑とその後の政争事件については、真相究明は困難ではあるが、宮廷から藤原氏以外の他氏族を排除する目的で行われた藤原良房の陰謀説（すなわち、伴善男の冤罪説）が有力である。ちなみに、「応天門」とは、大内裏の内側にあった門で、朝廷内での政務・重要な儀式を行う場であった朝堂院（八省院）の正門であり、都大路に向かう朱雀門のすぐ北にあった重要な門である。朱雀門は古来、大伴氏が警衛した門であり、「応天」の名も大伴氏に由来したものか。そうすると、伴氏一族がそこに放火したことはむしろ考え難い。

これまで奈良時代以降、政争には幾度となく関わりながらも、由緒ある名門貴族としてなんとか命脈を保ってきた伴氏に対し、この事件は先の承和の変と併せて、最終的な大打撃を与えたことになる。逆にいえば、藤原北家の勢力・権威の基礎を大きく固めたことに関して、皇族以外の人臣として初めて摂政となった藤原良房の役割がたいへん大きかったということにもなる。

平安中期以降の大伴氏

伴善男の失脚の後、伴氏は半世紀の間、政治的に低迷を続けたが、一〇世紀中葉の天慶二年（九三九）になって伴保平《やすひら》が参議となり、久々に伴氏から公卿が出た。このとき、保平は既に七二歳という高齢であり、天暦四年（九五〇）正月には従三位に叙せられ、同年十月に参議を致仕する。その四年後、天暦八年四月に享年八八歳で死去した（生没が八六七〜九五四）。内舎人から出仕し、木工少允・諸陵頭・大和守・播磨守などを歴任し、最終官位は大蔵卿前参議従三位であった。この保平のとき、天慶五年（九四二）七月には遅ればせながら、伴氏はやっと朝臣を賜姓している。しかし、これが伴氏の最後の栄達者であって、これ以降は、伴氏一族からは公卿どころか高官はまったく出なくなる。

保平は従四位下播磨守・伴春雄（家持の孫で、永主の子という）の子とされ、子に右兵衛佐仲舒などがいたとされるが、保平の後裔では顕れた高位の官人は見えない。

保平の弟・保在の系統はしばらく宿祢姓で見えるが、後にこの系統も朝臣姓で見えており、中世につながる伴氏の官人は殆どがこの系統ではないかとみられる。ともあれ、大伴氏は紀氏と並んで武人の故実を伝える名門とされたが、平安中期以降、源・平などを棟梁に地方に武士が次第に台頭してくるとともに、伴氏は軍事を含めて歴史の表舞台から次第に姿を消していく。だからといって、宮廷の武門官人としての役割をなくしたわけではなく、平安後期や南北朝期までは、少なくとも各天皇御即位の行事のなかに「開門」などの役割で佐伯氏とともに参加して、従五位下に叙されたことは先に見たとおりである。

鎌倉期以降近世までの大伴氏の動き

伴保在の後裔は、平安期に左右の少史・大史、外記などをつとめるものが多かった。保在の四世孫の通方が十一世紀後葉頃に主殿《とのも》大属となって、その子孫が数流に分かれて、主殿寮の年預・少允・大属などの官職を中世でも世襲した。この系統には、「開門」の職掌も見える。頼朝の頃の文治六年（一一九〇）四月付けの「主殿寮年預伴守方注進状案」という文書も『壬生文書』のなかに残る。吉田兼好法師の『徒然草』にも二七段に記事があって、「殿守の伴のみやつこ　よそにしてはらはぬ庭に花ぞ散りしく 今の世のことしげきにまぎれて、院にはまゐる人もなきぞ寂しげなる」と見える。この「殿守の伴のみやつこ」（伴の御奴）とは、主殿《とのも》寮の下司で伴氏の者をいう。

この頃の伴氏を対象とした研究に、永井晋氏の「鶴岡八幡宮神主家系図にみえる院政期の伴氏について」（『金沢文庫研究』二八五号所収）がある。

主殿寮は宮内省に属し、内裏における消耗品の管理・供給を主な職掌とした。寮頭は小槻《おつき》氏（垂仁天皇の皇子と称する落別王（息速別命）の後裔で、小槻宿祢姓で地下官人の筆頭。明治に壬生家が華族に列した）、年預は伴氏がそれぞれ世襲しており、職員は頭（長官）、助（次官。年預）、允（判官）、大属・少属（主典）が各一人で、その下に殿部《とのもり》（伴部）四十人、使部、直丁、駆使丁等がいたとされる。

江戸期の地下官人を収録した『地下家伝』には、その七の主殿寮に年預の伴氏があげられ、小野、石塚、豊田、畑などの苗字が見える（千村佳代・鳥居和之・中原尚子の論考「主殿寮年預伴氏と小野山供御人」も参照。『年報中世史研究』三号所収、一九七六年）。従四位主殿助が概ね極官であった。また、八条宮家（後の桂宮につながる宮家）の諸大夫に尾崎家があって、伴善男の後裔と称した。十八世紀後期の尾崎積興は国学者でもあり、伴姓を大伴姓へ戻し、初任の縫殿大允から昇進していき、玄蕃頭・縫殿頭などを経て七九才の時に大伴氏としては久方振りに従三位の地位まで昇ったが、古代のような権限のある地位ではなかった。

また、伴通方の曾孫の主殿大夫忠国（後に清元）が治承四年（一一八〇）に頼朝公が八幡宮を鎌倉の鶴岡山に勧請したとき、招かれてその初代神主となり、その後嗣が弟の忠茂であって、この系統が鶴岡八幡神主として長くその地位を保って同職を世襲していった。この家の江戸前期までの系図が「鶴岡社職系図」として『続群書類従』に所収されることは、最初に述べた。

中世大和の雄族であった越智氏

大伴氏が長い期間、本拠をおいた大和国に子孫を遺さなかったかというと、そうとも言えない。その候補として考えられるのが、高市郡を根拠とした中世の大族越智氏である。

越智氏は、大和六党の一つ、散在党の刀祢《とね》（盟主）で鎌倉後期頃から現れており、同郡越智の貝吹城（高市郡高取町北部の大字与楽）や高取山城を主な拠点として戦国末期まで活動した。代々の菩提寺は高取町清水谷の霊鷲寺とされる。源姓を称して大和源氏（清和源氏頼親流）から出たというものの、この系譜は『尊卑分脈』にはあげられず、信頼性がない。その他の出自所伝については、古来、物部連一族越智姓説（河野一族説も含む）、尾張連姓説、紀臣ないし橘朝臣姓説などがあって、多種多様で見られており、そのいずれも根拠が弱い。『続日本紀』の延暦二年（七八三）条には、大和に「越智池」の地名が見えるから、必ずしも伊予の越智宿祢氏との関連を考える必要はなかろうが、太田亮博士は、越智氏は「上古時代伊予より別れしもの」とみている。

始祖伝承では、平安末期ないし源平争乱期頃に出た親家が冑の八幡座に九頭銀竜を安置、九頭上大明神といって奉祀したとの説話もある。「九頭竜神」とは高取町大字越智の地に古くよりある延喜式内社・天津石戸別神社で祀られる天手力男命のことである。この親家あるいはその子の家房が越智氏の始祖だといい、越智家累代の氏神の在南《ありなん》神社（有南神社。高取町越智字奥谷）には、建久八年（一一九七）に没したという親家が祀られる。しかし、こうした所伝があるものの、鎌倉時代の越智氏の活動は史料には具体的に見えず、中世の越智氏歴代の名前についても、系図や史料に諸伝あってきわめて難解で確定しがたい。

越智氏が見える史料では、『太平記』巻二八に越智伊賀守が見え、足利直義が兄・尊氏と対立し

㊤天津石戸別神社
㊦有南神社（いずれも高市郡高取町越智）

てこの者を頼ったと記される。越智一族は、南北朝動乱期では総じて南朝方として活動する。それより先の時期で最初に見えるのが、『細々要紀』の康永二年（一三四三）条に見える「越智源太」であり、次ぎに『大乗院日記目録』の貞和六年（一三五〇）条に「越智伊与守」、至徳元年（一三八四）の大和武士交名には「越智殿」と見える。これらの者の実名等は不明であり、この辺が系譜や歴代の問題を複雑にしている。

室町期では、越智氏は大和のもう一方の雄の筒井氏との間で紛争が長く続き、越智氏の勢力もその都度変動した。戦国末期になって、松永久秀の大和進駐の前に越智氏は屈し、その後に筒井氏が大和全域を押さえるようになると、高取城主の越智玄蕃頭頼秀（玄蕃允利之）は筒井順慶の配下となり、その姪婿となった。この頃は、一万五千石ほどが越智氏の所領だったという。天正十一年（一五八三）八月に越智頼秀が部下により殺害され（筒井順慶の意図により自害させられたともいう）、越智氏本宗は滅亡した。

頼秀の弟の小次郎利高は、織田信長の子の信忠に仕えたものの、光秀叛逆の時に二条城で討死したとされる。それでも、越智一族の流れをくむ越智与左衛門喜清が甲府宰相徳川綱重に仕え、喜清の養嗣（綱重の庶子）の清武が越智松平氏として石見浜田藩祖となり、幕藩大名として残った。

越智氏の有力な一族として米田《こめだ》氏があり、米田将監俊武が在南神社を創祀したともいう。その族裔に米田壱岐守求政《もとまさ》があって、初め足利将軍義輝に仕え、後に細川藤孝（幽斎）に属してその養女を妻として、子孫は肥後熊本藩の細川家中に老臣長岡氏としてあった。この家から、明治になって明治天皇の侍従として仕え側近・宮中顧問官として名高い**米田虎雄**（藩家老の長岡監物の子）を出し、米田子爵となっている。

上記の諸事情からあえてその系譜を考えてみる。中世越智氏一族の分布地域が高市・葛城郡に多いことや上記の祭祀行動（九頭竜神の奉斎）などを考察すると、最も可能性が大きい系譜をいうと、九頭竜神後裔の大伴氏族の出自ではなかったか（その場合、狭手彦流大伴大田連改姓の伴宿祢姓か）、とみるのが妥当なようである。越智氏盟主の散在党には鳥屋氏も含まれて越智氏庶流といい、本拠の高市郡越智の地が古代の久米郷のすぐ西南に位置する地理事情もある。越智氏の本拠は、越智とその西隣の柏原、及びその北方の根成柿《ねなりがき》という一帯地域にあったようで、これらは新沢一町遺跡を囲むように位置する。

越智氏の系譜でもう一つ考慮しておきたいのは、紀臣の支族が伊予に行って越智直氏と縁組みをして外祖の越智直姓を名乗った者があり、延暦十年十二月紀に紀臣に復姓の記事（伊予国越智郡人の越智直広川。同廿四年に阿波介に任じた紀朝臣広河との同人説を松原弘宣氏がいう）が六国史に見えることであり、その流れが伊予から大和に来たなかの系統に、大伴一族から人が入った可能性もある。鈴木真年・中田憲信が採集した系図でも、大和の越智氏の先祖は必ずしも明確になっておらず、十世紀初頭頃の高市軍団大毅の「高伴」なる者から家系はほぼ一致してくるが、この系譜には越智氏の家祖的な存在である「親家・家房」という人物が登場しないから、話しはきわめて複雑になる。

なお、越智氏については、朝倉弘氏が『奈良県史』第十一巻の「大和武士」で詳細な検討を行っており、また吉井功兒氏が『姓氏と家系』誌で「中世後期大和国の越智・筒井氏の家督交代について」（第一号から連載中）の検討もあって、中世の動向については参考になることが多いが、その古代の祖先の系譜・出自については殆ど検討がなされていない。

七　中世・諸国の大伴氏及び大伴氏後裔と称した諸氏

先に中世信濃の大伴氏については見たが、このほかでも、地方にいて武士化したという大伴氏一族が多くあげられるので、このうち主だったものを見ていくことにする。

伊豆の伴氏一族とその流れ――住友財閥の起こりの一伝

伊豆に伴氏があり、応天門の変で伊豆に流罪になった大納言伴善男の後裔と伝える。善男は配流後に伊豆で善魚・善足という子を残したといい、善魚の子の岑雄の曾孫が伊豆大掾為重といって、その子の伊豆掾為房の娘が北条四郎大夫時家に嫁いで時政を生んだと系図（『百家系図稿』巻六所収の石井系図など）に見える。『伊豆志稿』には「時家、伊豆権守伴為房の女を娶りて時政を生むと云ふ」と見えるが、「権守」というのはやや誇張だったか。

ともあれ、伴為房の長男は石井太郎為行といい、次男が大川二郎為平と見え、石井為行の子の石井四郎大夫為安は頼朝のときに伊豆目代となり、富士の御狩のときに大猪を射たと伝える。石井・大川とも伊豆国賀茂郡の地名であり、前者は南伊豆町中央部、後者は東伊豆町東北部の大川川流域とみられる。

為安の長男石井小二郎範安は伊豆七島目代となり、その甥の範益は波布の地頭となり、住友三郎太郎と名乗った。為安の孫・阿美《あみ》小次郎範兼は『東鑑』に見えており、嘉禄元年（一二二五）十二月廿一日条には「阿美小次郎、伴範兼」と二人のように並列的に記している。範兼の子孫は続いて、その曾孫に住友孫三郎為重が出、その子孫として、一伝に戦国末期には入江土佐守信定を出したとされる（信定の先祖には諸伝あり、坂東平氏河越氏の支流ともいう）。信定は摂津の中川清秀に仕えたといい、その曾孫の住友小次郎政友が嘉休と号し豪商住友家の「家祖」とされる。政友の姉婿にあたる銅師・蘇我理右衛門（河内国五條〔枚岡〕出身で住友財閥の「業祖」とされる）の長子・理兵衛友以を、政友が婿養子に迎えたことが、住友家と銅との出会いで、その孫の吉左衛門友芳の代の十七世紀末に伊予の別子銅山の開掘に着手したとされる。

このように、伊豆国人として伴氏の一族がいたが、その系譜は妥当なのだろうか。善魚・善足の兄弟は金石文に見え（『平安遺文』に所収）、伊豆国田方郡上狩野村吉奈の善名寺旧蔵の廃仏像銘には、「伴氏二親生霊。善魚。善足。」と記されている。善魚・善足兄弟が実際に善男の遺子であったかどうかは不明であるが、上記系図は伊豆の伴氏の伝承と合致する。ただ、伊豆伴氏の祖・伊豆大掾為重については、『百家系図』巻五九所収の「大伴宿祢」系図には、十一世紀初頭頃の豊前守伴為国の子におかれており、年代的に子というのはともかく、この為国の近親から出た可能性があって、系図としてはこちらの流れのほうが妥当かもしれない。

東国の丸子部と丸子連

大伴氏に関連して丸子《まるこ》部・丸子連という姓氏があり、紀伊や大和・河内を除くと、主に東国・陸奥に分布しており、先に道嶋宿祢に関連して触れた。

紀伊国牟婁郡の熊野などに平安後期以降現れる丸子氏（新宮三氏のうちの宇井氏など）は、実は仲丸子連ではないかとみられる。大和では元久元年（一二〇四）の奈良市十輪院畑町の興善寺阿弥陀如来像の胎内文書（『鎌倉遺文』）のなかに、法然真筆や丸子氏・伴氏の名が見える文書がある。河内では、天平宝字四年（七六〇）の古市郡に石工の丸子人足・大田部知万呂が見える（『大日本古文書』）。翌五年には「丸子人主」が借銭のことで「正倉院文書」に見えるが、丸子人足とは兄弟くらいの近親だったか。これら近畿地方あたりを除いて、次ぎに考えていくことにする。

丸子部・丸子連が分布する地域は、主に東国と陸奥であり、陸奥国牡鹿郡、常陸国久慈郡、安房国朝夷郡満禄《まろ》郷（丸郷）を含む両総、武蔵国、相模国の鎌倉・余綾《よろき》郡、駿河国の駿河・有度郡、信濃国小県郡などが史料に現れる。

陸奥の丸子部は、『古屋家家譜』には、倭建命東征に随行した武日命の子の阿古連の後とする系譜が記載され、かつ、六国史には陸奥各地の丸子部が大伴安積連・大伴山田連・大伴宮城連を賜姓する記事が見え、こちらも大伴連一族だと伝えることと通じる。陸奥の宮城郡や安積郡には丸子郷があったと『和名抄』に見えており、宮城郡が倭建命東征の北限に近いことも想起される。東国では西限になる駿河国駿河郡では式内社の丸子神社（沼津市丸子町）や有度郡に丸子（麻利子、鞠子。現・静岡市大字丸子）・丸子川（同名の川が相模・武蔵・出羽にもある）の地名がある。

丸子部に関連して、君子部《きみこべ》（後には「吉弥侯部」と書くことが多い）があり、太田亮博士もいうように、丸子部は君子部と似通った性格があるとみられる。「丸子部」を「吉弥子部」との対比で考えるのは妥当ではない、という黛氏の見解は疑問が大きく、史料的にみて、「吉弥子部」が平安以降、「丸子部」は奈良時代が中心だという把握自体が間違いだとみられる。

君子部は、主として上毛野君・下毛野君の配下ないしは一族として、もともと陸奥・東国に偏在して見えており（後に、俘囚の全国配置で各地に散在するが、これは考慮外）、同様な地域に大伴連の配下ないしは一族として丸子部が見えるからである。この場合、「君」とは大君（大王）を指すから、「丸」とは皇太子格や後の「大兄」くらいの有力王族（本来意味したのは、そうした地位にあった倭建命か）を指すものではないかと考えられる。丸子部をとりあげた論考として、黛弘道氏の「舂米《つきしね》部と丸子部」（一九七九年。『古代・中世の社会と思想』に所収）は著名であり、有益な指摘も多いが、その一方、疑問な点もまた多々ある。

『書紀』に見える初期の「マロコ」は、安閑天皇や用明天皇にもつけられたくらいの大兄や長子的存在の有力王族の別称であった。「マロコ」が「亦名」であって、元来、普通名詞であり、別に本名を記す例があることに注意されると黛氏が指摘する点は、同意する。

その一方、黛氏は、「「マロコ」の実例は五世紀に遡らないとみてよく」と記すが、「マロコ」の分布地や『古屋家家譜』に記載される大伴一族からの分岐とその時期を考えると、丸子部と倭建命と密接な関係を考えざるをえない。黛氏は、具体例から、「「丸子部」と大伴氏との因縁が浅からぬことは明らかである」ともいうが、なぜ因縁があるのかという分析が的確にはなされない。これに、大伴金村の力が大きいと黛氏が考えるのは、金村大連が東国・陸奥とは無関係であり、これら地域に丸子部が偏在する理由を説明できず、疑問が大きい。東国から陸奥にかけての地域に集中する丸子部の分布は、倭建命の東征に大伴一族が多く随行し、そのなかに丸子部の先祖もあったこと（一族ないし配下として）が基にあると推される。大伴一族が「丸子」に拘る理由としては、元来、大王の親衛兵としての役割を果たしてきて、倭建命の東征に一族をあげて随行・参加し、「丸子」すなわち当時の大兄的な存在たる倭建命の名代的な部「丸子部」を管掌したという事情があったからで、「丸子部」が「建部」に多少とも先行する事情があったのかもしれない。

「丸子部」は一般の后妃のための部の「キサイ部（私部）」、皇子女のための部の「ミブ部（乳部、壬生部）」にも通じ、大王のための部が「君子部」、皇太子・大兄クラス皇子のための部が「丸子部」とみられる。前二者が全国的に分布することに対比し、後二者は時期的に少し先行し、分布も陸奥・東国にあって特定の氏（毛野氏、大伴氏）に主として従属したという差異がある、と整理しておく。

なお、ここで注意したいのは、「丸部」であり、これが和邇《わに》（和珥）氏族と関係があって「ワニ部」（鰐部）であることは、『姓氏録』左京皇別の丸部条にその祖として伊富都久命があげられることからもいえる。この「丸」がワニと呼ぶ例からみて、海神族の三輪氏の一族にも和仁子（和邇古。『姓氏録』大和神別）が見えており、語義からみれば、和珥臣氏と同様、やはり海神族とするのが穏当であろう。吉川弘文館刊の『六国史索引』では丸子・丸子部についてはワニコと訓み、太田亮博士も同様の訓みであるが、一般には「マルコ」と訓まれるのが多く、「丸部」と「丸子部」とは字面が似ているが、まったく別物であって、きちんと区別する必要があろう。管見に入るかぎり、丸子・丸子部は大伴氏の関係のみで現れ、和邇氏族の関係には見られないという特徴があり、先学の指摘のように、「ワニコ」の遺称地が皆無という事情もある。

相模・房総等の丸子氏と鎌倉党

東国の丸子氏の氏人であるが、『万葉集』巻廿の「防人歌」には下総国（後に安房国）朝夷郡の丸子大歳及び相模国鎌倉郡の丸子多麻呂が上丁として見え、常陸国久慈郡の丸子部佐壮《すけお》も見える。関連して、大伴部では下総国埴生郡の大伴部麻与佐、上野国の大伴部節麻呂、武蔵国秩父郡の助丁大伴部少歳《おとし》も見える。これらは天平勝宝七年（七五五）の人であり、「助丁」は郡司クラス、「上丁」は郷長クラスくらいとみてよい。

相模関係では、天平十年（七三八）の正税帳に御贄《みにえ》部領使として「余綾郡散事丸子部大国」が見え、同国鎌倉郡には調庸布墨書に大伴部の人が方瀬郷・沼浜郷（藤沢市・逗子市）に見える。鎌倉市御成《おなり》山《やま》の鎌倉郡官衙跡とみられる地からは、天平五年（七三三）七月の糒《ほしいい》（乾飯）貢進の際に付けた荷札が木簡で出土し、「郷長丸子□□」との記事があった。

平安時代前期の天台宗の高僧義真（最澄の弟子、修禅大師といい、初代の天台座主。生没が七八一～八三三）も相模の丸子氏（姓や出身地は不明）の出とされる。

平安中・後期の人となるが、相模国鎌倉郡大領として丸子連公景も系図に見えており、同地の大族鎌倉党の祖・甲斐権守章名の母系の祖（外祖父）とされる。鎌倉党とは、奥州後三年の役に源義家に従った鎌倉権五郎景政に代表される武士集団であり、景政が開発した高座郡大庭御厨に起こった大庭氏をはじめ、梶原・長尾・香川・俣野・八木下などの諸氏があった。これら諸氏が平姓を称して桓武平氏良文流と称されたが、この系譜は信頼しがたく、相模古族の末流とみられる。

源平争乱期に大庭景親、その兄・懐島《ふところじま》景義（大庭平太、懐島平権頭）や梶原景時などが活躍するが、頼朝に敵対したり和田義盛の乱のときに義盛方に加担したりで（景義の子・小次郎景兼）、鎌倉党の有力どころは鎌倉前期に頼朝や北条氏の手で滅ぼされた。それでも、元弘三年（一三三三）五月の新田義貞の鎌倉攻めでは、大庭・梶原・長尾などの末裔が新田の軍勢に加担して北条勢を破っており、鎌倉党が生き残っていたことがわかる。

房総関係では、大伴金村大連の孫の頬垂連《つらたり》（糠手古連の子）が上総の伊甚屯倉《いじみ》（旧夷隅郡域）を管掌して丸子連の祖となったと『古屋家家譜』に見える。そうすると、上総から上古の東海道ルートで対岸の相模に渡って来たのが鎌倉郡の丸子連氏だったか。

『続日本紀』延暦三年（七八四）条には、丸子連石虫が軍糧を陸奥国追討軍に送り、授位されたという記事があり、邨岡良弼《むらおか》は、この人物を安房国（もとは上総一国）朝夷郡の丸子氏であると推定するが、上総のほうの可能性もあろう。ともあれ、当時の丸子連氏は陸奥に物資を供給できた財力をもつ有力者であった。次ぎに承和十五年二月に上総で俘囚の丸子廻毛が叛逆したと見えるが、これは陸奥から上総に配置となった丸子部後裔であろう。さらに、奥州前九年の役に源頼義に従った東国武士のなかに丸子宿祢弘政が見える。下総にも丸子氏があって、鎌倉末期・南北朝期の人であるが、匝瑳《そうさ》郡熊野社の古鐘銘に大壇那丸子胤宣（文和二年〔一三五三〕）、葛飾八幡宮の元亨元年（一三二一）の鐘銘に「願主右衛門尉丸子真吉」と見える（『鎌倉遺文』『姓氏家系大辞典』）。

安房などの丸子氏（連・部の姓）の後裔は、後にはたんに「丸・麻呂」と名乗る氏で現れ（丸子宿祢姓という）、それに因る地名・丸御厨《みくりや》（丸山川流域の現・南房総市丸本郷一帯。朝夷郡満禄郷《まろ》）に居住した。安房の丸氏は、『保元物語』に源氏に属して丸太郎と見えるのが初出かとみられる。この氏が中世に平姓を称しても、系譜仮冒にすぎず（平安後期から見えるいわゆる「坂東平氏」の称平姓は、常陸大掾一族を除くと、殆どが系譜仮冒）、古代の丸子氏後裔であった。安房に逃れた頼朝を案内した丸五郎信俊が『東鑑』に見えており、その後裔は続いたものの、室町中期に安西氏により麻呂信朝が滅ぼされた（『房総軍記』。名は一に元俊という）という。丸氏が、安房、両総、武蔵に多いという点も、古代の丸子氏の分布に合致する。丸本郷の南西近隣に位置する館山市大井には、手力雄神社も鎮座する。

丸山川流域の朝夷郡丸山郷には「前田」という地名があり（熊野の丸子姓宇井一族に前田氏が出ており、福島県でも前田・丸子が近隣地名にある）、「御子神《みこがみ》」という地名も残る。江戸初期頃の安房里見氏の家臣団を記す『里見分限帳』には、番頭として高千二百石の御子神大蔵が見える。この一族から出た神子上《みこがみ》典膳が外祖の氏を冒して剣豪・小野次郎右衛門忠明（家康・秀忠に仕え、徳川将軍家剣術指南役）となった例もあり、丸一族であったか。その近隣には、和邇氏族と伝える武射《むさ》国造が古代にあったので、その同族であった可能性もあり、『姓氏家系大辞典』では小野忠明について橘姓と記される。

手力雄神社（千葉県館山市大井）＝一般社団法人・館山市観光協会提供＝

信濃でも、小県郡丸子町（現在は合併して上田市西南部）に居たとされる丸子部が、小県郡に居た大伴連忍勝など大伴氏との関係が想起される。この地には、海野（宇野）・真田一族と同族と伝える依田氏の族に鞠子冠者二郎有光（依田有氏の子）が居た。

また、『源平盛衰記』には、信濃の「円子《まるこ》小中太」が見えるが、この者は樋口次郎兼光・今井四郎兼平・巴御前（木曽義仲の妾）兄弟の父・中三権守兼遠の一族とみられるから（「甕系図」〔『百家系図稿』巻六〕に佐久郡の丸子氏が見える）、この中原姓と称した武家一族も実際には古代大伴氏の流れを引いたものか。一族には、樋口・今井・落合・茂田井《もたい》（甕）などの佐久郡の地名を名乗る苗字が見える。滋野一族においても、筑摩郡の真光寺に関与した建仁三年（一二〇三）の滋野兼忠一族が「兼」を通字としていた。天正十三年には、真田昌幸の家臣・丸子三左衛門が丸子城の守将として徳川軍と善戦していたから、当地でも丸子氏が続いていたことが知られる。

出羽にも同国留守職をつとめた丸子氏があり、鳥海山の神領を支配して丸子氏とも丸岡氏ともいった。戦国期には今井氏といったが、その祖を丸岡民部大輔といい出羽一宮（鳥海山大物忌神社）の社人であった。

三河の大伴氏の系譜

三河には、大伴氏後裔と称する一族があり、平安後期頃から幡豆・八名両郡や設楽郡に繁衍した。この一族は、九世紀後半の応天門の変で失脚した大納言・伴善男の子孫と称したが、これに限らず、有名人であった伴善男の後裔と称した諸氏が各地にあり、近江甲賀の平松氏や大隅の肝属《きもつき》氏（善男の子の中庸の後と称する）なども同様な系譜を称した。

所伝では、三河大伴氏の祖・員助《かずすけ》は、善男が伊豆に配流される途中、三河に留った時に当地の大伴常盛の娘との間に生れたというが、史実としてはありえない。同じ僅かの期間に、甲賀平松氏の祖という善平が員助の兄弟として産まれたというのも、考えがたい。富永氏等の系図（『続群書類従』所収の「伴氏系図」）では、幡豆・八名両郡司・大伴常盛の娘・清犬子が伴員助の母とするが、中間に善男が入らないほうが妥当であるということである。

もっとも、大伴氏の「ヨシオ」という者を員助の父とする所伝は別にあって、参議駿河麻呂の曾孫で鎮守府将軍伴宿祢三宗（斉衡元年〔八五四〕卒、享年五九歳）の子に志摩国目代で三河介に任じたという「良雄」なる者を先祖とみる説もある。ところが、『群書類従』所収の「太神宮諸雑事記」第一には、この良雄を宝亀四年（七七三）十月十三日条に記載するから、年代的に符合しない。ただ、この史料の記す年代が正しいとも限らず、「良雄」という名が宝亀年間の人とすることにも疑問がないではない。この辺は決め手がないので、しばらく留保しておいて話しを進めることにする。

上記の「伴氏系図」によれば、員助の子・清助、孫の正助は、ともに幡豆郡司で、曽孫の依助が三河大介八名郡司であったとされる。この幡豆・八名両郡の郡司は、大伴常盛の跡を嗣いでいった故だと考えられる。

ところで、大伴常盛なる者が実際にいたかどうかの裏付けはなく、「伴氏系図」はその系譜について何も記載しないが、『書紀』には、孝徳天皇二年（六四六）条に「三**河大伴直**」の名を記載するから、これとの関係を考えるむきがある。

この「三河大伴直」の系譜については、『旧事本紀』の「天皇本紀」に景行天皇の子・倭宿祢を三川大伴部直の祖だと記すこと（これは、記紀には不記載）との関係を考える見方が太田亮博士らにある。『三河国内神名帳』には、八名郡に大伴神社があげられるから、景行後裔という系譜はともかく、上古代から三河に大伴部氏があったことは認められる。『今昔物語』巻廿三に見える参河国の「伴勢田世」という相撲人も、その一族ではないかとみられる（上記の員助・常盛らとの関係は不明）。

大伴神社は、明治四一年（一九〇八）に賀茂神社（豊橋市賀茂町、旧八名郡賀茂に鎮座）に合祀されたが、それ以前は、独立した社であった。この賀茂神社は、白雉元（六五〇）年五月に八名国造の三河大伴直芦が創建したとするとの伝承があり、大伴神社は八名郡司に関係する神社であって、同社神主の加藤氏は本姓を大伴という。上記「天皇本紀」の記事にはなんらかの拠り所があると考えれば、三河大伴部直の系譜は一応、信頼がおかれよう。太田亮博士は、この記事を踏まえて、三河の伴氏は三河大伴部直の系統だとみる。

三河伴氏から、平安後期に源義家に属して奥州後三年の役で活躍した**伴助兼**（資兼。四郎傔仗《けんじょう》）が出て、この者から設楽氏、さらに富永氏が出たとされる。信頼できる史料『朝野群載』には「伴朝臣助兼」と見えて、承徳三年（一〇九九）に叙爵（従五位下に叙位）された。伴助兼は、永保三年（一〇八三）に始まる後三年の役では、舅の兵藤正経と共に活躍し、敵の襲撃をさけて清原成衡を救出する武功があり、義家から賞賛されて薄金の鎧を拝領し、それが奉納されたのが豊田市の猿投神社に伝来する樫鳥縅鎧（重文）だという。

伴助兼の後裔は中世三河において繁衍し、そのなかでも設楽郡の設楽氏は大族であって、室町幕府では将軍家の奉公衆にあった。この氏は菅原朝臣姓とも称して、先祖が公家の菅原氏につながる系図もあるが、もちろん系譜仮冒である。

この一族には同郡の富永、黒瀬、塩瀬、野田などの諸氏があり、設楽郡夏目村（現新城市域）に起り幡豆郡六栗村に遷した夏目氏や幡豆郡室城主の富永氏は幕府旗本にあった。**夏目吉信**は、一向一揆のときに門徒方として主の家康に抵抗したが、許されて三河・遠江の郡代となり、三方ヶ原合戦の時（一五七二）には浜松城から救援に出て、家康の危機を救い身代わりで戦死した。その子・次郎左衛門吉忠（吉為）には大禄を与えられる話しがあるも、本人の死去と後嗣の夭折で夢と消えて絶家となり、一族は旗本で残った。江戸の牛込の名主であった文豪・夏目漱石の生家もこの庶流（吉信の三男・吉次の後裔）と伝えるが、異説もある。夏目氏が信濃の清和源氏為公流で村上氏庶流というのは系譜仮冒である（そもそも、「源為公流」は諏訪一族の出かとみられる）。

また、三河国額田郡針崎土井村（現・岡崎市針崎町）より起った土井氏からは、幕藩大名となって秀忠将軍に仕えた大老**土井大炊頭利勝**を出した。もっとも、この家は三河から江州甲賀に分かれて再び三河国碧海郡に戻った支流であり（美濃の土岐氏庶流ではない）、しかも土井利勝自身は、水野信元の遺腹の子で、土井小左衛門利昌に育てられたといわれる。

三河大伴部直とその同族諸氏―御使連や松平氏

三河の大伴部直の系譜については、先にあげた「天皇本紀」に記載の景行天皇後裔ということでよいかというと、これにも問題がある。景行天皇の子に倭宿祢命をおくのは疑問が大きく、当該記事の近くの個所に、同じく景行天皇の子にあげて三河長谷部直の祖とされる五十狭城《いせき》入彦命の後と考えるほうがよい。ただ、その場合も、五十狭城入彦自体は景行の皇子ではなく、三野前《みののまえの》国造の一族で同書の五十功《いごと》彦と同人であったとみられる。

三野前国造の系譜は、「国造本紀」等に開化天皇の皇子の彦坐王《ひこいます》の子の八爪命《やつり》（神大根命・神骨王《かみほね》）の後と記されるが、実際には王族ではなく、山城の鴨県主の支流であった。同国造は、美濃西部の本巣・不破郡等を本拠としたが、そこから東部の賀茂郡に展開して、美濃でも鴨県主を出し、南の方面へ山中を抜けて三河にも加茂郡をつくり、さらに南下して碧海・幡豆郡に居住した。

加茂郡松平郷（現・豊田市松平町）の小豪族から身を起こした松平氏が、古くは賀茂姓を称し賀茂神社の神紋と同様、葵紋を用いたのも、こうした起源にもとづく。設楽・富永の一族には加茂郡人の中条氏があり、この氏は同郡式内社の猿投《さなげ》神社（豊田市猿投町）の祠官にもあった。『古屋家家譜』

猿投神社（愛知県豊田市猿投町）＝豊田市観光協会提供＝

には大伴氏の祖・武日命について、「参河国賀茂郡狭投神社是也」という記事があって、かつて不思議に思っていたが、この所伝が正しくなくとも、同社が大伴氏に関係のある神社であったと窺われる（祭神に「大碓《おおうす》命」があげられたこともあるが、この名には、三野前国造の一族諸氏の祖先として系が架上された事情もある）。

八名郡の大伴神社の近くに賀茂神社（豊橋市賀茂町）があって、いま後者に合祀される事情も、大伴部直と鴨族との関係を示唆する（大伴部直が創祀ともいう）。

新城市大宮に鎮座の三河国宝飫《ほお》郡式内社・石座《いわくら》神社（岩倉大明神）は、同市富永の東方近隣に位置し、富永一族の奉斎がいわれるが、鴨氏族の巨石信仰に通じる。石座神社の本来の祭神は、いまは多くの祭神のなかに見える天稚彦命か少彦名神（鴨族の遠祖神）とみられ、『日本総国風土記』には、「石坐神社、圭田四十六束五宇田、所祭天雅彦也」と見える。

同じく新城市の野田館垣内城（同市豊島）はもと富永氏が城主で、城跡には海倉淵《かいくらぶち》と呼ばれる地があって、そこに「椀貸し伝説」がある。これは、木地師と定住農耕民との交易が伝説化したものであり、三野前国造は鴨族から出て、木地師とは同族であった。『和名抄』では、賀茂郷が賀茂・宝飯・設楽の三郡にあり（設楽郡賀茂郷の後身が野田・竹生とされる）、鴨田郷が額田郡にあげられる。猿投神社の祭神も、いま景行天皇の皇子・大碓命とされるが、この者の後裔と称したのが上記の一族諸氏（系譜仮冒で、三野前国造同族）である。同社の祭神には江戸中期まで「気入彦命、佐伯命」もあげられたが、これら両者は三川ノ**御使連**《みつかい》等の祖と伝え（『姓氏録』、「天皇本紀」）、景行天皇の子孫と称したなかに見える。上記の倭宿祢命も五十狭城入彦命も、共にこの関連で理解できる。「直」姓は、三野前国造に因むカバネであった。

倭建東征と関連がありそうなのが、愛知県北設楽郡設楽町の津具にある金鉱山で、三河大伴部直の先祖（曽乃木別命《そのきわけ》か）がこの東征に関与・随行したことも想起される。天平勝宝二年（七五〇）に駿河の地（田子の浦とされる）で金が発見されたときに、その獲得者が「三使連浄足」と『続日本紀』に見える事情がそれを傍証する。南設楽郡には「大歳《おおとし》のたき火」という黄金のかたまりの伝承（大歳すなわち大晦日《おおみそか》に泊めた客の死体が黄金に変わるという伝承）があって、柳田国男が『日本の昔話』に取り上げられる。

三野前国造や御使連と同族の諸氏が、東国の常陸・下総に分布する事情（常陸国の多何《たが》君・相多《あいだ》君や下総国の印波君で、景行天皇の後裔と称した）もある。常陸の多何君・相多君が起った同国多珂郡飽《あい》田《た》（現・日立市相田町）には、倭建命の地名説話が『風土記』に見える。久米氏同族の吉備中県国造の一族にも三使部直があり（安芸国高宮郡人）、遠江国浜名郡に三使部が居た。

甲賀の伴氏一族の系譜

三河の大伴氏の系統から近江国甲賀郡に支族が分れて当地で繁衍したと伝える。これが、甲賀武士の伴氏一族として知られる。なかでも、大原・上野・伴・多喜を伴四党といい、主に現・甲賀市甲賀町域に居住した。そこから、織田信長の重臣であった滝川一益や池田恒興（信輝）が出たとさ

織田信長

れる。鈴木真年翁は、織田信長自身も、実系は甲賀伴氏の後裔だと記す（『華族諸家伝』。後述）。

もう少しいうと、甲賀の伴氏一族は、平安末期に三河伴氏から分れたといい、系図でも承安三年（一一七三）に近江国甲賀郡大原村に遷住した伴資乗を祖とする。資乗は富永介伴俊実の子で、兄に設楽四郎資時、富永五郎資隆がいた。この兄弟のときが頼朝将軍の時代で、資時・資隆は奥州藤原氏討伐軍に参陣したというが、『東鑑』には見えない。

伴資乗の子孫については、子の貞景の後裔には大原・馬杉・鷹水・毛牧・土井などの諸氏があり、土井については先に述べた。

次の資景の後からは、多喜（滝）・滝川・内田・上野・山岡などの諸氏が出た。資景の十三世孫が**滝川左近将監一益**とされる。また、一益の叔父の三郎恒利（もと滝川九郎範勝といい、滝川貞勝の子で、当初は多喜玄蕃允の養子）は池田氏の娘（信長の乳母で養徳院。美濃国可児郡池田郷の池田氏という）に入婿となって池田を名乗り、その子が**池田勝入恒興**（信輝。信長と乳兄弟）で、その子には備前岡山藩・因幡鳥取藩の藩祖となって参議正四位下に進叙した池田輝政がいる（鈴木真年『華族諸家伝』等を踏まえた記述）。幕藩大名の池田氏の先祖がこうしたものであれば、摂津の池田氏とも美濃の紀姓池田氏とも関係がないことになる。一説に、信長乳母の出自は佐々木京極一族の池田氏ともいうが、これも信頼できない。あるいは、近江の蒲生郡や甲賀郡の池田氏とも関係するか。

秀吉の三中老の一人とされ、伯耆米子十七万石余の国持大名となった**中村一氏**もこの伴一族の出とされる。一氏は、「弥平次一政の子にして初め滝孫平次と称し後に中村式部少輔と改たむ。瀧村の人なり」とある（『滋賀県甲賀郡誌』）。一氏の系譜には諸伝あって確定しがたいが、甲賀武士の出で、もと滝（多喜）といったことは確かのようである。一氏の正室・安養院は池田恒興の娘であった。『中興武家諸系図』には秀吉五奉行の一人、増田《ました》長盛も、甲賀の上野氏一族の出で伴長訓（増田所右衛門）の子だとする（巻第四二）。

さらに、六角氏の江南の旗頭で近江国栗太郡勢多の城主・山岡美作守景冬（景之）・道阿弥景友親子もこの一族であった。**山岡道阿弥**は信長・秀吉・家康に仕え、山岡氏の族裔は大身の旗本に数家ある。こうしてみると、信長・秀吉・家康の家臣として、甲賀の伴氏一族はかなり大きなウエイトを占めたことがわかる。

甲賀の伴氏が三河からの分岐であることは、次項に記す「**伴五家次**」についての『東鑑』の記事から信頼できそうである。ただ、「立川氏文書」の応和三年（九六三）四月の甲賀郡司解状に甲賀郷長伴宿祢資守等が見えており、仮にこの文書が正しければ早い時期から伴宿祢氏が甲賀地方にあったことになるが、文書の真偽は不明である。その場合、先祖の資乗が三河の出だとしても、甲賀の伴氏の家跡を継いだものだったのかもしれない。

これら甲賀伴氏とは別に、甲賀には平松村（現・湖南市平松）に平松氏があって、これも伴善男の子の平松太郎善平の後裔という系譜をもつが、善男以降の系譜はつながりが悪く、裏付けがなくて本姓は分からない。あるいは、代々が松尾神主というから、鴨族関係の甲賀古族の末裔であったか。甲賀には平松とは別系統で大伴姓という鶴見氏もあった。こちらは、馬来田連の孫・時麿の後というが、名前のつながりといい、豊後国速見郡鶴見郷出身といい、所伝の系図には信頼できる要素がない。

信長は甲賀の伴氏の後裔だったか

鈴木真年編の『華族諸家伝』織田信敏条の記事では、信長の遠祖・津田三郎親真《ちかざね》の実系は甲賀伴氏の出だという。それに拠ると、四郎傔仗《けんじょう》伴資兼の曾孫の伴五家次は伊勢住人の富田三郎平基度の婿で、元久二年の伊勢平氏の乱のときに伴五家次はこれに与して誅されたが、その子の津田親真は母と共に近江国津田村に蟄居して母の兄の三井寺一乗坊阿闍梨真海に養われ、成長して越前の織田明神の神職となった、と記される。

こうした所伝が何に拠るかは不明であるが、「伴五家次」は、甲賀伴氏の祖・伴資乗の子とされ、元久の伊勢平氏蜂起に参加したことは確かなようである。『東鑑』には承元元年（一二〇七）の九月・十月条に、「磐五家次」が捕虜となって引き連れられたとある。元久に追討された伊勢平氏富田三郎基度の婿であって、「伴四郎傔仗祐兼」の後胤と記され、その子の貞次は同書に翌、承元二年（一二〇八）十一月条に見えて、「囚人柏木五郎家次の男、貞次」が日吉社の五月会の馬上役人となり、この功で父の罪科が免じられた、と記される（以上の記事から、鈴木真年の記事は誤りで、家次は伊勢平氏の乱では死んでいないと分かる）。

しかし、織田氏の遠祖・親真（親実）が伴五家次の子であったかどうかは、確認できない。「津田」は信長一族を見ても、織田の別姓のように庶流の人々に多く使われているので、津田と織田との関連は無視できない。この「津田」が、一般には蒲生郡津田（近江八幡市津田町）とされるものの（『近江輿地志略』）、甲賀伴氏の縁者なら甲賀の津田のほうが妥当なようでもあるが（系図にはそのように記される）、甲賀には津田の地名がない模様である。母の実家が蒲生稲置氏ということで、蒲生郡津田が起源の地であったのなら、安土城（近江八幡市下豊浦）の西方近隣にあたるので、信長の築城は偶然の符合であったのだろうか。

現在に伝わる織田氏の系図には、親真が織田明神神主の斎部宿祢親澄（神祇権少祐正六位下）の子として記されるだけである。斎部宿祢氏は朝廷で神祇を専らしてきた家であるので、信長の遠い祖先が甲賀の武家であった伴氏の血を引いていたとするほうが、性格的に面白い。親真の父について、後世の系図伝承に言うような「平資盛（重盛の次男）」とするのは、明らかに疑問であり、それよりも甲賀の伴家次とするほうが妥当そうだが、親真が織田明神神職の家に入った経緯も諸説あって、不明である。親真の母が忌部親澄に再嫁して親真が生まれたとも、津田郷を通過した剣神社祠官忌部権正が郷長のもとで育てられていた親真を養嗣として貰い受けた（『丹生郡誌』）、ともいう。信長がこうした血筋を引いていたのなら、先に見た三河大伴部と同族であった松平氏の遠祖とも関係し、徳川家康との因縁も感じられるが、信長自身はこうしたことを気に懸けないのであろう。今のところ、更に追求・検討する材料がないので、ここでは真年翁の記す異伝を紹介するにとどめる。

なお、後世の**甲賀廿一家**のなかに「柏木三家」があり、そのなかに伴・山中・美濃部の三氏があってみな伴姓なり、と太田亮博士は『姓氏家系大辞典』で記している。当該三氏は、「伴佐京介、山中十郎、美濃部源吾」とも見えるが、山中は橘姓、美濃部は菅原姓を称したから、伴姓は伴氏だけで、これが伴家次の後裔であったか。

甲賀廿一家には「南山六家」もあって、そのなかに「池田庄右衛門、多喜勘八郎」も見えるが、こちらは信長家臣の池田恒利・滝川一益に関係したか。そうすると、池田恒利が妻とした池田氏とは、実際には東美濃ではなく、甲賀の池田氏だったものか。甲賀衆の池田氏は滋賀県甲賀市甲南町池田に起こり、池田・滝（多喜）・馬杉・毛枚はごく近隣して位置しており、これらの苗字はいずれも伴姓とされるから（『姓氏家系大辞典』。池田は藤原姓ともいう）、この間の通婚は自然である。

ちなみに信長を火縄銃で狙撃した**杉谷善住坊**が出た杉谷氏も、甲賀五十三家のなかにあげられる。その苗字の地、甲賀郡杉谷邑（現・甲賀市甲南町杉谷）には、杉谷城も望月氏の望月城があったから、杉谷氏の系譜は不明であるが、望月同族であったか（太田亮博士は、望月氏と同じ諏訪氏族と記述）。近くの柑子には望月村島氏の柑子城があり、竜法師《りゅうぼし》にあった望月出雲守屋敷の跡が「甲賀流忍術屋敷」として今に残る。

薩隅の伴氏—肝属氏・井口氏

薩隅には、肝付《きもつき》（肝属）氏など、伴善男の子の中庸《なかつね》の後裔と称した伴氏の一族が中世、繁衍したので、これについても触れておく。

肝付氏の動向を見ると、平安時代中期頃に伴中庸の曾孫という伴兼行（兼遠の子といい、兼遠には余那足の六世孫という系譜所伝もほかにある）が先祖で、薩摩掾に任命されて下向したという。その孫の兼貞が島津荘開墾者・大宰大監平季基の娘（ないし孫）という女性を娶って大隅国肝属郡の弁済使となり、その子の兼俊の代に郡名を取って肝付を名乗った。このように肝付一族は平安後期頃からの活動が見られるが、南北朝時代には南朝方に属し、室町期には島津氏に服属したり、ときに島津氏と対立したりした。一時的にはその勢力が島津氏を圧倒したこともあったが、最後は臣従し、戦国末期の天正八年（一五八〇）には領地が没収されて、島津氏の一家臣となった。その子孫は薩摩藩士として存続したが、島津氏から養子が入ったりして取り込まれた。肝付氏の庶流には早くから島津氏に仕えて重用され、江戸期には喜入領主として存続した家もあった。

肝付氏の一族には、梅北（梅木田）、北原、救仁郷《くにごう》など多くの諸氏があり、文書等には「伴朝臣姓」を称して見える。この同族が薩摩にもあって、和泉（出水）・井口などの諸氏として見えるが、例えば、肝付一族では萩原兼広が建暦元年頃の「島津荘預所下文」に「散位伴朝臣兼広」と見え、井口太郎兼保の建永二年の譲状には「散位伴朝臣兼保」と署名されている。

これら諸氏が古代の大伴部・伴部の流れをひいたことは、認めてもよさそうである。ただし、隠岐に流罪となった伴中庸の子孫が復活したことはまずありえず、かつ、中央の伴宿祢一族の後裔が遠く薩隅まで遷住したことも考え難く、肝属氏ではその先祖を大友皇子の子の余那足とも伝えるから、兼行より前に遡る系譜もあった。おそらく実際の出自としては、薩隅の近隣に位置する肥後南部の葦北国造一族の大伴部・伴部の後裔とみられる。葦北郡の南隣の薩摩国出水郡には、郡司クラスの大伴部（主政の大伴部足床、主帳の大伴部福足）がいて、天平八年（七三六）の「薩摩国正税帳」に見えるが、これも同族であろう。

葦北国造の一族が大伴連の配下的な位置づけにあったことは、敏達朝の**日羅**《にちら》に関する『書紀』の記事からも知られる。日羅の父は火葦北国造の刑部《おさかべ》靫部阿利斯登《ありしと》といい、この者が金村大連により百済に派遣されて、百済の現地で生まれたのが日羅であった。日羅は百済王に仕え、その才により達率《だちそち》という百済第二の官位まで昇った。任那再興のために敏達天皇は、日羅を日本に召し返そうとし、ようやく百済使とともに帰国できたが、日羅が百済への対応策などについても朝廷へ進言したことで、百済使の手により謀殺された。この日羅を、大和朝廷側で出迎えたのが大伴連糠手子であった。上記記事から、火葦北国造が「刑部靫部」という姓氏をもったことが知られ、靫部が示すようにその領域にあった靫大伴部の管掌も行ったから、その一族のなかに「大伴部」の姓氏が生じた経緯も知られる。

なお、葦北国造の北隣の肥国造の領域であった肥後国益城郡には、その出身者として大伴君熊凝が『万葉集』巻五に見える。肥国造一族であって、葦北国造と同様、こちらも大伴氏の配下にあったものか。豊後国日田郡には、靫部として仕えた日下部君の祖・邑阿自が住んだことで靫負村と言ったという記事が『豊後国風土記』に見える。この日下部君は肥国造の一族ではなかろうか。

九州の大伴部関係では、七世紀後半の百済救援軍に参加して筑紫君薩夜麻・土師連富杼らとともに唐の捕虜になり、自らの身を売った資金で仲間を帰国させ、三十年後に帰国できた筑後国上陽咩《かみつやめ》(上妻)郡人の大伴部博麻もいた(『書紀』持統四年条)。肥前では小城郡に伴部郷の地名も見える(『和名抄』)。これらにより、大伴氏の勢力が広く九州の中央部・南部まで及んでいたことも知られるが、それが何時からかは不明であり、あるいは、筑紫君磐井の叛乱鎮定に因るものかもしれない。

佐伯氏後裔の武家

相模の波多野氏は、平安時代後期から鎌倉時代にかけて摂関家領であった相模国余綾《よろき》郡の波多野荘(現・神奈川県秦野市)を本領とした豪族であり、中世の佐伯氏関係の武家苗字の殆どがこの流れをひくものとされる。

その祖は、奥州前九年の役で源頼義の配下として、天喜五年(一〇五七)に黄海での安倍貞任との戦いで討死した**佐伯経範**とされ、散位佐伯経範の勇戦ぶりが『陸奥話記』に見える。その父・経資が相模目代となって相模国へ下向したのが、波多野氏の起源とされる。経範の妻は秀郷流藤原氏の出で、経範の子・経秀が外祖父の公光の猶子となったともいって(一に経秀を公光の四男公俊の子におく系図もある）、後に姓を佐伯氏から藤原氏に改め、藤原秀郷流を称している。波多野一族は秦野盆地一帯から西方の酒匂川流域にかけての地に勢力を張り、河村郷・松田郷・大友郷などの郷に配されて、その地の苗字を号した。

経範の孫の秀遠は、鳥羽院の蔵人所衆で仕え刑部丞に任じて、千載集に入った歌人でもある。その孫の波多野義通は源義朝に仕え、保元・平治の乱でも義朝軍として参加した。その妹・坊門姫は義朝の妾となって、次男の中宮少進朝長《ともなが》を産んでいる。義通の子・波多野義常は、京都の朝廷に出仕して、義朝の遺児・源頼朝が挙兵すると平家方として頼朝と敵対し、後に討手を向けられて自害した。義通の弟の波多野五郎義景や、義通の子の忠綱、孫の有常は許されて鎌倉幕府の御家人となり、有常のほうは足柄上郡松田郷を領して松田氏の祖となった。

戦国大名まで発展したのは、丹波の波多野氏であるが、信長の命のもと、波多野秀治兄弟は明智光秀によって滅ぼされている。この系統は、『太平記』に見える上野前司宣通（忠綱の四世孫）の後裔であった。摂津の荒木村重の家は、波多野氏支族の流れと伝える。

波多野一族は奥州藤原泰衡討伐にも参加し、その功績で陸奥に所領をもらって発展した河村氏もある。一族の広沢氏は備後国三次郡にあり、石見に波多野氏（五郎義景の後裔）もあって、後に毛利氏に仕えて萩藩家臣として存続た。明治維新の十傑にあげられる参議**広沢真臣**（波多野直忠の婿養子）は後者の流れであり、真臣は明治四年に暗殺されたものの、子の金次郎は後に伯爵に列せられた。

また、相模の大住郡糟屋荘（現・伊勢原市一帯）に起こった糟屋一族も藤原姓というが、佐伯氏の出だといわれる。前九年の役に源頼義の麾下として従軍した坂東の兵・佐伯元方の後とみられている（『神奈川県史』通史篇一）。

八　久米氏の活動と分布

先に少し触れたが、大伴氏を源流から考える場合、久米氏は重要であり、「クメ（来目・久米）」の意味は避けて通れない。そのため、もう少し久米氏族について検討を加えておく。

「来目・久米」の意味

「クメ」の語義については、喜田貞吉によれば、クメはクマの転で、久米氏は肥人《くまひと》族であろうという。肥後国球磨郡久米郷（球磨郡多良木町久米）は、その端的な地名である。太田亮博士もこれに同意し、上田正昭氏もこれに近く、記紀に見える久米歌の狩猟民族的な性格から、久米部を熊襲の山人族だったとみる。これらに対し、大伴・久米氏は宮廷の御垣を衛る役割を担ったことから、カベ（壁）と関係ある語とみる見方（折口信夫説）もあるが、この役割は後から備わったものだから、議論が逆転していて疑問が大きい。

結論から言えば、クメはクマ・クナ（狗奴）やクメール種族（カンボジア人など）に通じ、弓矢に長じた狩猟民族的な山人であった。南九州の隼人や東北地方の蝦夷、日本列島原住の土蜘蛛、国栖《くず》（国樔）・佐伯・八束脛《やつかはぎ》なども同じ種族であって、タイ系の弥生人（海神族）が北九州に入ってくるまでは、日本列島に広く分布していた。いわゆる「縄文人」の主体をなしていたとみられ、犬狼信仰をもっていた。なお、記紀に「熊襲」と見えるものは、通説に言う「隼人」やクメ種族とは人種的に異なって、実態は邪馬台国の残滓集団のことだから、これとは明確に区別する必要がある。

久米寺境内にある久米仙人像

久米氏族は大和国高市郡の久米の地では早い時期に消えた模様であり、久米舞には大伴・佐伯両氏が関与したが、久米氏の関与が見えない。その跡の地には和珥臣系や蘇我臣の支族が入って、居地の名に因り共に異なる系統の久米臣を出した。久米寺も開基者が久米仙人（実名不詳の伝説上の人

久米舞（橿原神宮提供）

物）のほか、来目皇子説もあるので、隣接する久米御県神社が江戸時代までは同寺の鎮守社であったが、これ以上は取り上げない。

蘇我臣支族のほうは後に**久米朝臣**として見えるが、久米直・連とはまったくの別氏である。久米臣系統に触れておくと、蘇我稲目の曾孫が来目臣塩籠で、壬申の乱の時に河内守であったが、大海人皇子側につこうとして近江方に情報が漏れて自害した。その遺族が天武十三年に朝臣姓を賜ったが、万葉歌人として知られ越中掾として家持の下にあった久米朝臣広縄は、年代的にみて塩籠の孫くらいかとみられる。

久米氏から出た諸国の国造

久米氏の先祖で最初に活動が見えるのは、倭建命の遠征に随行した**七拳脛**《ななつかはぎ》である。『古事記』には倭建西征の随行者は記さないが、東征後の倭建命の死去記事の終わりに、「凡《およ》そこの倭建命、国を平《ことむ》けに廻り行でましし時、久米直の祖、名は七拳脛、つねに膳夫《かしわで》（料理人）として従ひ仕へ奉りき」と記されて、七拳脛が倭建の西征・東征ともに随行したことがしられる。一方、『書紀』では景行天皇四十年七月条の倭建東征に際して、吉備武彦と大伴武日連を従軍させるとともに、また「七掬脛をもって膳手とす」としており、とくに西征には名を挙げない。

この関係で事情を説明するものに久米氏の系図がある（中田憲信編『諸系譜』第十五冊等に所収）。これは、淡路島の式内名神大社、大和大国玉神社（兵庫県南あわじ市榎列上幡多）の年預職を世襲した**波多氏**（のち秦氏という。波多門部造姓）が伝えたとみられる。波多氏は三原郡の郡領を世襲した家であったが、外祖の八木氏（海神族系の八木造氏の後裔）がつとめてきた大和神社の年預職を譲り受け、南北朝期まで世襲した。この一族は賀集《かしゅう》・矢部・河上など淡路に分布が多かったが、なかには、南北朝期に楠木正行に従って四条畷で討死した阿間了願法橋も出ている。

この久米氏系図から、久米直の同族に吉備中県・阿武・久味・大伯・淡道という五つの国造家が出たとされる。ところが、「国造本紀」ではこれら五国造について端的に久米直の同祖という記事がなく、全てが神魂命（一件のみ別名の神皇産霊命と記す）の後裔という形で、その系譜を記している。これと同様の記載形式に注目すれば、「神魂命十三世孫建嶋松命定賜国造」と記される天草国造も、久米同族と推される。鈴木真年翁も、「久米連同祖建島松命ヲ天草国造」としたと『日本事物原始』に記しており、これら合計で六国造が久米同族だと分かる。

これら六国造が淡道国造（淡路国）、大伯国造（備前国邑久郡）、吉備中県国造（備中国山間部ないし美作国か）、久味国造（伊予国久米郡）、阿武国造（長門国阿武郡）、天草国造（肥後国天草郡）であって、いずれも大和から見て西方の地域に置かれている。しかも設置時期が比較的遅い応神・仁徳朝に置かれたと「国造本紀」に記される南海道の二国造（淡道・久味。大伯とともに七掬脛の孫が初代と見える）を除いて考えると、山陽道から西海道にかけての久米一族の西征従軍経路をほぼ示している。周防には都濃《つの》郡に久米郷の地名があり、玖珂郡に久米・久米直の氏人が見えるのも、その名残りか。吉備中県《なかあがた》国造の設置時期が崇神朝と伝えて、時期が少し早いのは吉備平定に関与したことに因るとみられ、伯耆国久米郡久米郷も同じ契機だったものか。美作を別にすると、これら諸国造などの勢力はあまり強くなかったようであり、大伯・阿武・天草の後裔はその後に顕れないのが惜しまれる。

大和から東方でも、七掬脛の弟の八甕《やみか》が尾張国氷上祝奉斎と系図に見えており、倭建東征に随ったことを窺わせる。「氷上祝」とは、尾張国愛智郡の式内名神大社氷上姉子神社の祠官であり、同社は倭建命の妃・宮簀《みやす》媛を祭祀するからである。『熱田縁記』には「尾張氏の祖・稲種公の傔従・久米八腹」と見えるから、倭建東征に随行の建稲種の従者だったと知られる。『熱田宮旧記』にも、大来目十世の久米直七拳脛が倭建東征に随行し、その子とも兄弟ともいう八甕が氷上社の社務元祖なりとして、その後裔の簡単な系譜を記す。八甕の後裔では、氷上社祠官家から分岐して同国山田・愛知郡の郡領家となり、松岡・秋山等の苗字が出たと系図に見える。

こうしてみると、七拳脛は一族と共に倭建の西征に尽力し、引き続いて東征にも従軍したことが分かる。常陸国久慈郡の久米郷（現茨城県常陸太田市久米）や武蔵国の入間・多摩両郡の久米村もあって、これら地名は東征に久米氏が随行した名残りとみられる。

美作で繁衍した久米部族

久米氏族から出た国造家のうち、吉備中県国造の領域については諸説あって定めがたい。総じていえば、備後国におかれたとみる説が多いようだが、決め手がなく、むしろ地域の重要性・設置事情や考古遺跡などを考えると、美作に主体があったとみるのが自然なようである。ともあれ、吉備中県国造の後裔とみられる一族は、吉井川流域の吉備山間地、美作国の久米・苫田郡ないし英多郡に定住し、その地を中心に立石・漆間《うるま》の諸氏一族を出して、おおいに繁衍した。立石氏は美作二宮の高野神社（岡山県津山市二宮）の神主家として長く続き、漆間氏からは浄土宗を開基した僧・法然を出した。

こう考えた場合、これら諸氏の姓氏は**漆部直**《ぬりべ》（ないし造、連姓）だったかという疑問も出てくる。美作の漆間一族については、名前が似通った豊後の大分国造一族の漆島《ぬりしま》君の出とも伝えるが、これは移遷経緯などからして疑問である。その系図では物部氏族の漆部連の後裔とも伝えるが（鈴木真年編『諸国百家系図』所収の南条系図）、漆部連は本来は久米氏族の出であったとみられる。久米の地名に併せ、美作二宮とされる高野神社（苫東郡。もと高野本郷に鎮座か、高野丹生明神を祀るか）や天石門別神社（英多郡式内社）の奉斎等から、このように考えられる。立石の一族には、稲岡、神戸、間島（真島）、片山などの諸氏があり、美作から北方の伯耆国久米・河村郡に進出して、戦国期に羽衣石《うえし》城主（鳥取県東伯郡湯梨浜町域）として勢力をもった南条氏も同族であった。安芸国高宮郡人の三使部直も中県国造末流だと六国史に見える。

ところで、久米部族には同じように軍事を職掌とする物部氏に従属したものがあり、後に物部連の系譜のなかに織り込まれた氏がいくつかあった。例えば、漆部連は、「天孫本紀」には物部連一族で三見宿祢の後裔とされるが、大和国宇陀郡には床石足尼を祖とする漆部造があり、実際には大和の門部連の同族とみられる。曽祢連（曽根連）・曽祢造も同様に久米部族の出とみられ、二五物部のなかには二田物部・久米物部などの久米部族が混入している可能性が高い。

高野神社（岡山県津山市二宮）＝ Wikipedia より

曽祢連は、『姓氏録』の左京・右京・和泉の神別にあげて、物部同族で饒速日命後裔という系譜を称した。池上曽根遺跡の近隣、和泉国和泉郡の曽根神社（大阪府泉大津市曽根町）あたりの起源で、二田物部・二田造と同族であって、本来は久米氏族だとみられる。佐伯有清博士は、大和国宇陀郡の曽爾村《そに》（現在も奈良県の村名）に地名に基づくとするのが妥当かとしており、この説も傾聴できる。『和名抄』に「宇陀郡漆部郷《ぬりべ》」として見える地がこれにあたり、門部が祖神の手力男命を祀る門僕神社《かどふさ》（曽爾村今井）も産土神としてあるから、久米氏族との関連が十分に窺える。「ソニ」が曽根に通じるとして、『常陸国風土記』行方郡条にはソニ（曽尼。これを一にソネと訓む。『和名抄』の同郡曽祢郷の地）が佐伯（土蜘蛛・蝦夷と同類）に通じると解される記事もある。ここでは、往古にソネビコという佐伯が居たので村の名が曽尼というと記される。

曽祢連一族では、大和国広瀬郡河合村の広瀬神主の曽根・樋口氏が著名である。天武四年に天皇の命により大忌神を広瀬の河曲で祭祀したと『書紀』に見える大山中（後の六位相当の官位）の曽祢連韓犬の後裔にあたる。このとき、小錦下（後の五位相当）の佐伯連広足は風神を竜田の立野で祭祀した。『続日本紀』には慶雲期の曽祢連足人《たるひと》、天平期の曽祢連五十日虫《いかむし》が五位の官人で見える程度であった。

この曽祢一族からは、平安中期の歌人**曽祢好忠**《よしただ》が出ている。好忠は「曽丹」と称された有名な歌人であり、詞花集では最多入集するなど勅撰集への入歌が多く、「百人一首」にもその歌があるが、奇行や門地もあって地位・官職は低く、六位の丹後掾にとどまった。

久味国造の後裔と久米連氏

久米氏族から出た諸国造家では、淡道国造や美作の久米氏族を除くと、中世まで子孫を残したことは知られないが、伊予の久味国造の族裔は有力な中世武家を出した。クメに通じるクミの名をもつこの国造は、応神朝に伊与主命が国造に定められたと「国造本紀」に見える。上記久米氏の系図では、七掬脛の孫とされるが、年代的に妥当であろう。その領域は伊予国の久米郡のほか浮穴・喜多両郡も含んでおり、喜多郡には久米郷もあった。この国造の氏姓が久米直だとみられ（太田亮博士に同説）、一族に浮穴直などもあった。

天平廿年の「写書所解」に久米郡天山郷（松山市の天山付近）の戸主の久米直熊鷹が見える。同年頃の経師には久米直家足も見える。伊予から瀬戸内対岸の周防国玖珂郡玖珂郷戸籍にも久米直が見え、大和でも雑戸の忍海手人広道が久米直を賜姓したが、久米直氏は本来は伊予の姓氏であったか。佐伯有清博士は、『類聚国史』の天長四年（八二七）の叙位で見える久米直雄田麿を伊予国久米郡の人とみる。『姓氏録』左京神別にあげる久米直は、同書の次ぎに置かれる浮穴直の例から考えて、同様に久味国造族であったものか。

久味国造一族が祀ったのが伊予郡式内社にあげる伊豫豆比子《いよつひこ》命神社（松山市居相町。通称「椿神社」）であり、祭神のなかに伊与主命（久味国造の初祖）をあげる。これが、『続日本紀』天平神護二年四月条に見える「久米郡伊予神」に当たる（そうすると、同郡名神大社の伊予

伊豫豆比子命神社（愛媛県松山市）

神社に当たりそうであり、伊豫豆比子命神社は伊予国造祭祀だと太田亮博士は指摘するが、現在は居相町鎮座の神社が伊豫豆比子命神社という名になっている。どこかで混同があったものか)。

六国史には、久米連がいくつか見える。神亀元年(七二四)には久米奈保麻呂が久米連を賜姓し、貞観九年(八六七)に石見国那賀郡の郡領家が村部を改めて久米連を賜姓したが、これらは系統不明である(石見のほうは阿武国造の流れかもしれない)。

前者の奈保麻呂の娘とされるのが、久米連若女《わかめ》(若売。宝亀十一年〔七八〇年〕没)であり、藤原宇合と結婚して贈右大臣の百川《ももかわ》を生むが、夫の没後に石上朝臣乙麻呂との和姦の罪で下総に流された。翌年に大赦を受け、その後は昇叙を重ね(女官で勤務か)、宝亀七年(七七六)には従四位下に叙されているから、久米氏の氏人では最も高位に上がっている。若女と同時期に中央での活動が見える真上(外従五位下大和介)や形名女(従五位下)は、その兄弟姉妹とみられるが、その後には久米連の氏人は六国史に見えない。平安中期になって、永祚二年(九九〇)二月に正五位下左大史として『門葉記』等に見える久米宿祢国平は久米連の後であろう。世代的に見て、国平の子らしい正六位上久米宿祢滋延が長保二年(一〇〇〇)に信濃掾に任じられたが(『除目大成抄』)、その後の動向は知られない。

大和では中世・戦国期の国人をあげる『国民郷士記』に天津久米命の後裔という久米氏が見えるから、在地では戦国期まで血脈が細々と続いていたようである。

阿波の三好氏と伊予の大野氏

伊予国喜多郡久米郷から出た**大野氏**は、大伴宿祢姓で家持の弟・高多麻呂の後裔と称したが、高多麻呂なる者の存在は史料に確認できず、疑問が大きい。また嵯峨天皇の末裔とも越智姓ともいうが、これらも内容的に疑問が大きいから、地域的に見ておそらく久味国造末流であろう。天文十七年（一五四八）に大野利直が菅生山大宝寺に寄進した鐘の銘には、「大伴朝臣大野利直」と刻まれているが、この姓氏は仮冒とみられる。

大野氏は、守護河野氏の重臣で、浮穴郡久万の大除《おおよけ》城にあった。上記の利直の子の直昌・直行（直之）兄弟は武名が高かったが、河野氏の没落と共に大野氏も没落して、中川村など伊予各地の庄屋として残った。喜多郡の一族には城戸（木戸）、菅田などあり、このほか伊予に一族が多く分布しており、喜多、久米、一木などがあげられる。赤穂藩の家老で討入り参加を止めたと悪評のある大野九郎兵衛がその牢人後に「伴氏」を名乗っており、伊予大野氏一族の出であったものか。大野直昌の一族に大野九郎兵衛直周もいた。

喜多郡には曽根（現・伊予市大平字曽根）から起こった**曽根氏**があり、戦国期に曽祢治部大輔高昌・大和守宣高の親子が出て曽根郷・広瀬郷を領した。曽祢宣高は秀吉の四国平定の時に降服して小早川氏に属した。その後裔が長州萩藩士にあって、明治期に枢密院顧問官・韓国統監で子爵となった**曽祢荒助**（宍戸氏からの養嗣）が出たが、系は藤原姓宇都宮の庶流という。曽根一族では、高昌・宣高親子の居城・曽根城があった喜多郡内子町の久米総本家や同郡大瀬村・廿日市村の庄屋など十数家が系図を伝えて残る。岡部忠夫氏は『萩藩諸家系譜』で曽祢氏を取り上げて、宇多源氏説もあることを紹介し、「全く難解な家系である」と評している。

喜多郡の曽根のすぐ近隣に平岡の地があり、戦国末期に河野氏の重臣の平岡氏が出たが、浮穴郡大戸山城主の平岡大和守房実は、娘を久万大除城の大野利直（直昌の父）や村上景親に嫁がせている。平岡房実の後裔も萩藩にあって越智姓を称するが、曽根・平岡両氏ともに、起源地から見て古代久米氏族の末流ではなかろうか。『長陽従臣略系』には「平岡、曽根孫左衛門」と続けてあげて、ともに「予州宇都宮家人」で「金子陣之時毛利家被召出」（伊予の金子の陣の時に毛利家に召し出された）と記される。内子町にも曽根城の近隣に平岡の地名が見られる。

久米氏族の末流は、伊予から東方の阿波西部の山間部に展開・遷住して、戦国期に大きく発展した三好長慶一族を出したとみられる。そのように考える事情は、阿波国名方郡の久米氏の存在である。この阿波在住の久米氏は、平姓（ないしは源姓）を称するが、もとは伊予国喜多郡久米庄の居住というから、久味国造久米直の族裔とみられる。その一族には鳥野のほか、名方郡で平姓を名乗り同紋（立二引竜十文字）の宮任、浦、白鳥、高川原などの諸氏があげられる。

阿波三好一族で摂津島上郡に居城した芥川氏等の関係系図では、この久米氏と同族で南北朝後期に分離したのが三好氏だと伝えており、阿波三好氏の成立時期（十四世紀後半の三好義長の曾祖父の代くらいか）からも貴重な所伝と考える。そうすると、一般に清和源氏で阿波守護小笠原氏の後とされる三好氏は、実際には久味国造の族裔で、伊予から阿波国三好郡に遷住して起ったとするのが妥当となる。阿波三好氏の系図はきわめて多様に伝えられており、これも後世になって阿波守護小笠原氏にどのように先祖を接合させるのかという工夫が種々あったことを窺わせる。

三好一族には、この一族から養嗣で入った氏も含めてあげると、前掲の芥川のほか、淡路の安宅、野口、讃岐の十河や、板野郡の吉永、斎田、武田、馬詰、高志、美馬郡の大久保、岩倉、麻植郡の川田、那賀郡の椿や笹川などがあった。また、所伝・命名・分布などからみて、土佐嶺北長岡郡の雄族の豊永・小笠原も三好同族であろう。三好郡祖谷山の喜多氏も、早くに分れた同族か。

山部赤人の家系と山部連一族の播磨繁衍

伊予の久味国造からは、朝廷の山部を管掌した山部連が出ている。「山部」は山林の管理や産物を貢納する役割を職掌としていたが、天皇側近の警護など軍事的な役割も担った。山部連氏による山部（山守部）の管掌（山部の総領的伴造）は、五世紀後葉に仁賢・顕宗兄弟を播磨で見出した伊予来目部小楯《おたて》（国造初代の伊与主足尼《すくね》の曾孫）の功績に因り、小楯が山部連姓を賜ったとされる。これとの関連で考えると、『古事記』仁徳段に見える将軍山部大楯連の故事は年代的に疑問であるが、あるいは山部大楯連の家が先にあって、この跡を小楯が継いだものか。

山部連は、天武十三年（六八四）には宿祢姓を賜って山部宿祢となったが、延暦四年（七八五）には桓武天皇の諱・山部を避けて、氏の名は「山」に改められ、山宿祢になった。山部氏も宮城十二門の門号氏族であった。この守った山門は、後に陽明門となった。

この氏人には、万葉歌人として名高く人麻呂と併称される**山部赤人**を出している。赤人は八世紀前半の人で、『万葉集』に約五十首収められ、その作歌年代は聖武天皇の登場する神亀元年（七二四）から天平八年（七三六）の間ということが知られる。同書によると、西は播磨から伊予、東は下総葛飾に及び、吉野・紀伊にも足が伸ばされていて、活動範囲は広かったが、政治的には不遇で、地位は従五位下には及ばなかった（下記の「山宿祢系図」には、「上総少目外従六位下」と見える）。このため、

『続日本紀』などの国史・史料には山部赤人が出てこない。

赤人の子に磐麻呂がおり播磨大目正六位上と見えて、その子孫は播磨に土着して明石・三木郡に住んだ。天平廿年（七四八）左京八条一坊の戸主に正六位下山部宿祢安万呂がおり、戸口の山部宿祢針間万呂（歳廿五。播磨万呂）が『写書所解』（正倉院文書）に見える。その少し後の天平勝宝三年（七五一）の「伊賀国阿拝郡の墾田売買券」（正倉院文書）には伊賀目で従六位上勳十二等の山部宿祢馬養が見える。天平元年（七二九）頃の長屋王家出土木簡のなかの記事には、山部足人という名も見える。これらの者は、赤人・磐麻呂に近い山部連一族ではないかとみられるが、続柄が不明で、官位も六位どまりであった。

さて、播磨と山部連氏との関係は深く、先祖の小楯が顕宗天皇兄弟を発見したのが明石郡の縮見《しじみ》屯倉の地であった。その後は、『播磨国風土記』の宍禾（宍粟）郡には、安師里条には山部三馬が里長に任じられたこと、比治里条にはその名の所以が孝徳天皇朝に山部比治《ひじ》が里長となった事情があること、が記される。「山宿祢系図」（中田憲信編『諸系譜』第二冊所収）には、比治が小楯の曾孫で、赤人の祖父としてあげられる。『中臣氏本系帳』には、藤原鎌足の父・御食子の母が山部歌子連の娘と見えるが、この歌子連は小楯連の子で上記系図に見える。すなわち、山部連の系図が「小楯連―歌子連―伊加利子連―比治―足島―赤人」ということである。

播磨大目の磐麻呂の後は長く播磨に住んで、三木・淡河を名乗り戦国末期まで続いたことが上記系図に見える。この系図に見えない山氏の系統がほかにも播磨の多可郡にあって、山重雄を祖として赤松氏に仕え、野間・田寺・水井などの苗字を出した。『姓氏家系大辞典』には、播磨竜野の名族にも山部氏があると記される。

おわりに

大伴氏一族は古代の物部氏と並ぶ、上古以来の武門の名流ではあったが、いつもどこか間が悪い、分が悪い、出遅れ気味で地味だという印象がこの氏族にはある。壬申の乱で大伴氏も吹負ら一族が大活躍したにもかかわらず、天武朝の八色の姓制定の時には、朝臣姓を賜った五三氏のなかには入れられなかった。このとき、神別と称した氏族が大三輪君・鴨君・胸方君のグループ、物部連・穂積臣・釆女臣のグループ及び中臣連と合計七氏も朝臣賜姓のなかに入ったのに（朝臣賜姓は残りが臣・君姓の四六氏）、大伴連・佐伯連はランク一つ下の宿祢賜姓のほうにとどまっていて、そこに格差があった。

奈良時代の政争のなかでは、新興勢力の藤原氏に反対する側に大伴氏がついて、ほとんど敗れており、また、後に土師氏が菅原・大江などで朝臣姓を賜っても、蘇我氏が石川、物部氏が石上、膳氏が高橋、三輪氏が大神などの例に見るように、氏の名や表示を変更して朝臣姓を賜り、そこから脱皮的飛躍が図られても、大伴氏は旧族の氏の名のままで残って、氏としての地位向上がはかられなかったという事情もある。

普通には、大伴氏の歴史は応天門の変まで終わったように記述されることが多いし、同族の久米氏のほうはほとんど歴史に現れないが、これらの一族後裔は細々ながら中世・近世にも長く続いて、支族の広がりもなかなか大きかった。だから、それなりに歴史的役割を果たしたことを無視してはならない。地方に大伴氏後裔と称する諸氏が多くあったのも、事実がそうではなかったとしても、古代の大伴氏の栄光のみならず、活動・伝統・習俗などを踏まえたものであった。本書で幅広く大伴氏の関連を追及してきたのも、その意味からであった。

こうした諸事情があるから、総合的長期的な観察・検討がこの氏族の研究には必要である。そのことを、ここまで記述してきて、痛感する次第でもある。とくに注意すべきは、大伴・久米等の古氏族では、中世の後裔にあっては、先祖の系譜を仮冒して他氏族に入り混んでいる諸氏もかなりあり、その系譜研究にあたっては系譜仮冒との戦いということになる。だから、起源・出身の地理事情や神社奉斎・管掌業務、歌舞などの伝統・習俗など、古族研究についての多面的な視点からの検討が、大伴氏には必要であるということである。

〔参考資料〕

1　大伴連氏一族の系図試案

第2図　大伴連一族の系図（試案）

- ○安牟須比命（香都知命、天雷命）
  - 天石門別命（天手力男命）
    - 天押日命（天押人命、天日咋命）
      - 刺田比古命
        - 道臣命
          - 味日命
            - 稚日臣命
              - 大日命
                - 五十真手命（久米直祖）
                - 角日命
                  - 豊日命
                    - 武日命
                      - 乎多弖命（靫大伴部、大伴行方連、大伴白河連祖）
                      - 健持連
                        - 佐彦連
                          - 山前連
                            - 室屋大連
                              - 談連
                                - 金村大連
                                  - 磐連
                                    - 長峡連
                                      - 江人連
                                        - 比可留（庚午年籍負、大伴家内連祖）
                                      - 稲人連（大伴山前連祖）
                                  - 狭手彦連（大伴大田連、榎本連等祖）
                                    - 毘羅連
                                      - 鯨連
                                        - 杜屋連
                                    - 善徳尼
                                  - 糠手古連
                                    - 小手子比咩連（崇峻天皇妃、蜂子皇子等母）
                                    - 頬垂連（上総ノ丸子連祖）
                                    - 加爾古連（紀伊ノ仲丸子連祖）
                                - 御物宿祢連（佐伯連、林連、日奉連、佐伯日奉連祖）
                              - 若古連（高志連、高志壬生連等祖）
                        - 長目連（大田部、白髪部、大伴安積連祖）
                      - 蚊手連（五百木部、大伴亘理連祖）
                      - 阿古連（丸子部、道嶋宿祢、大伴山田連、大伴安積連祖）

（久米系統命名）麻戸明主命 — 天津久米命 — 天多祁箇命 — 大久米命 — 布理祢命 — 佐久刀祢命 — 味耳命

- 堅泡連
  - 手柏
    - 三林
- 友国
- 国麻呂
- 子君

- 兄麻呂
  - 駿河麻呂
    - 氏上
      - 真意
        - 三宗
          - 良雄（一に三河大伴氏祖）
  - 潔足
    - 和武多麻呂
      - 須賀雄（文徳天皇宮人）
      - 女子（右大臣源能有母）
  - 四縄

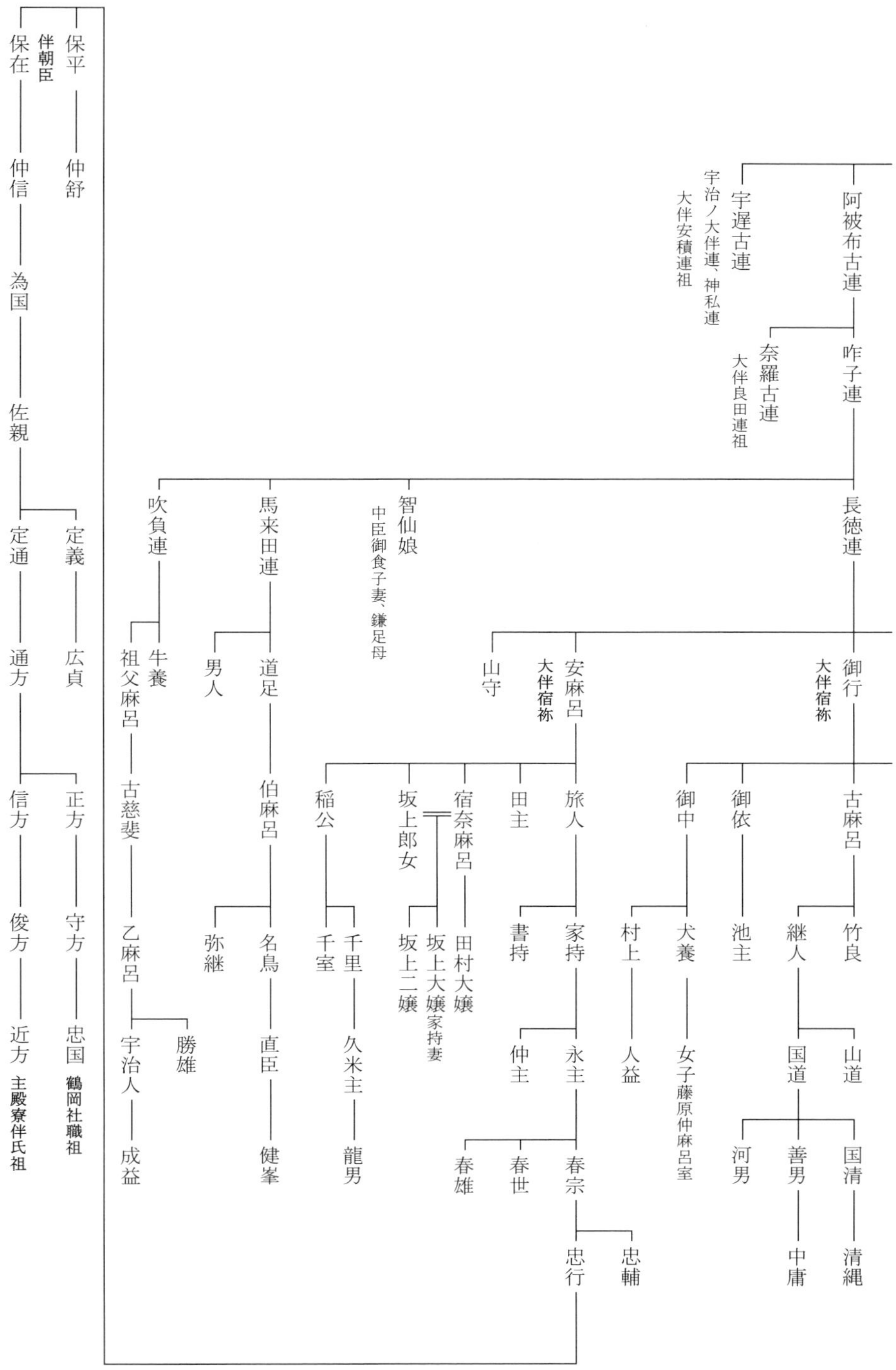

阿被布古連
宇遅古連
宇治ノ大伴連、神私連
大伴安積連祖
咋子連
奈羅古連
大伴良田連祖
長徳連
智仙娘
中臣御食子妻、鎌足母
馬来田連
吹負連
御行
大伴宿祢
安麻呂
大伴宿祢
山守
道足
男人
牛養
祖父麻呂
古麻呂
御依
御中
旅人
田主
宿奈麻呂
坂上郎女
稲公
伯麻呂
古慈斐
竹良
継人
池主
犬養
村上
家持
書持
田村大嬢
坂上大嬢
家持妻
坂上二嬢
千里
千室
名鳥
弥継
乙麻呂
山道
国道
女子
藤原仲麻呂室
人益
永主
仲主
久米主
直臣
宇治人
勝雄
国清
善男
河男
春宗
春世
春雄
龍男
健峯
成益
清縄
中庸
忠輔
忠行
保平
伴朝臣
保在
仲舒
仲信
為国
佐親
定義
定通
広貞
通方
正方
信方
守方
俊方
忠国
鶴岡社職祖
近方
主殿寮伴氏祖

〔久米直一族〕

（紀伊系統命名）　多久豆玉命

（大伴系統命名）　天石門別命―天押日命―刺田比古命―道臣命―布理祢命―稚日臣命―大日命

○安牟須比命（香都知命、天雷命）―麻戸明主命（天手力男命）

- 麻戸明主命―天御食持命―天御鳥命―天道根命（紀伊国造祖）
- 麻戸明主命―天津久米命（天押人命、天日咋命）―天多祁箇命―大久米命―味日命―佐久刀祢命―味耳命

味耳命

- 五十真手命（又、彦久米宇志命）
  - 阿加志毘古命（又、明石彦　崇神朝定賜吉備中県国造）
  - 押志岐毘古命
    - 味波々命（長門ノ久米連祖　景行朝定賜阿武国造）
    - 七掬脛命（倭建命東征時為膳手供奉）
      - 八甕命（尾張国氷上祝供奉）
      - 爾久良支命
        - 猪石心足尼（久米直、門部直　門部連、興道宿祢祖）
        - 伊与主足尼（応神朝定賜久味国造）―加志古乃造―忍毘登乃造
        - 佐紀足尼（応神朝定賜大伯国造）
        - 矢口足尼（波多門部造祖　仁徳朝定賜淡道国造）
- 角日命―豊日命―武日命……（三代略）……室屋大連（大伴連）―談連

忍毘登乃造

- 小楯連（負山部連姓）
  - 歌子連
    - 伊加利子連―比治―足島（山部宿祢）―赤人―磐麻呂―老（山宿祢）
    - 那爾毛古比売（中臣可多能子連妻　御食子・国子母）
  - 羽咋連
- 弟意孫連（浮穴直祖）

〔佐伯連〕

- 御物宿祢（負佐伯連姓）
  - 戸難目連
    - 丹経手連
      - 東人連
        - 広足（佐伯宿祢）
          - 百足
            - 浄麻呂
              - 老
                - 鷹成
                  - 良成
                    - 子房
                      - 恒峯
                      - 女子（清和天皇妃、源長鑒等母）
                    - 継房
                      - 直継
                        - 豊佐
                          - 佐実
                        - 豊信
                          - 信兼
                - 弟成
              - 継成
                - 永継
                  - 子永
            - 人足
              - 真守
              - 今毛人
                - 金山
                  - 道成
                    - 真利
                      - 利備
                        - 継清
                          - 元清
                  - 磯成
                    - 春峯
                      - 春滝
                        - 氏足
              - 三野
                - 魚麻呂
          - 男
            - 赤麻呂
              - 浄継
                - 石足
                  - 夏雄
                    - 安世
                      - 築雄
                        - 屋主
                          - 秀相
                      - 河雄
          - 徳麻呂
            - 伊益
            - 家主姫
        - 麻呂
          - 大麻呂
            - 豊人
              - 久良麻呂
            - 男人
              - 人麻呂
                - 清峯
                  - 鹿継
                    - 猪麻呂
                      - 埼作
          - 果安
          - 石湯
            - 伊太知
              - 葛城
                - 大野
                  - 雄勝
                    - 山守
                      - 永継
                        - 滋恒
                          - 清範
                            - 経資
                              - 経範（相模ノ波多野氏祖）
                - 宮麻呂
                  - 村主
                    - 春海
                      - 良人
        - 常麻呂
      - 子麻呂連
        - 大目
          - 虫麻呂
          - 鳥養
            - 千歳
              - 朝麻呂
        - 歳主
          - 垂麻呂
            - 錦麻呂
              - 益継
      - 百枝連
    - □□□
      - 栲縄

2　大伴氏及び久米氏の一族から出た姓氏と苗字

大伴氏族概説

○大伴氏族は神武創業の功臣、道臣命の後裔である。道臣命は紀州名草郡片岡邑の人であり、神武東征にあたり紀国造の祖とともに早い時期に服従し、神武創業を助ける大功があり、その功により大倭国築坂邑（高市郡北部。現橿原市鳥屋町・久米町辺り）に宅地を賜った。その祖・天押日命について、天孫・瓊々杵尊の天降り随行という伝承があるものの、この氏族の遠祖には紀州土着の色彩が相当強い。神武より早い時期に紀伊に遷住してきた天神の一派で、山祇系の流れである。この氏族の紀州在住時代に紀国造氏族（紀伊氏族）を分岐したというより、この氏族の方が紀国造氏族の一支族と位置づけられよう。こうした出自の影響か、大伴氏族の榎本連、丸子連、仲丸子連、宇治大伴連等が紀伊国で繁栄した。

○大伴氏族は、その発生段階から久米部や靫負を率いて宮門の警衛にあたる軍事職掌の氏族であり、倭建命の東征にも武日命とその子弟等が随行したが、何故か国造家は全く創出されていない。この氏族の分布は、中央では畿内及び紀伊などその周辺にあり、地方では東征随行の影響で陸奥・東国にかなり広範にみられる。大伴氏族から神代に分岐したかのような系譜をもつ久米氏族は、実際には崇神前代に分岐した割合近い氏族とみられる。

○中央の大伴氏族では大伴連・佐伯連が代表的な存在であり、大伴連では雄略朝の大連室屋、その孫で武烈・継体など四朝の大連金村の時代が全盛期であったが、任那割譲問題の失政から勢力を失った。その後は、金村の後の一時の低迷期があったものの、大化後はそれから脱して、大化改新直後の右大臣長徳の存在や壬申の乱での大伴一族の活躍などで、金村大連の子・阿被布古連の流れが本宗家的な地位にあり、奈良朝には宮廷人として相当栄え参議以上の官職に昇る者もかなり多かった。阿被布古の兄・狭手彦の流れも、大和に根強く残った模様である。

平安期に入ると、延暦の藤原種継暗殺事件で大伴氏は大打撃をうけ、更に大納言伴宿祢善男が貞観八年、応天門の変で失脚した。平安中期以降は下級官人化したものの、中世・近世まで主殿寮官人として長く存続した。伴氏最後の参議保平とその兄弟が平安中期に朝臣姓を賜ったが、官人としては狭手彦の流れも平安中期まではみられる。

この二流も含め大伴氏族で「大伴」の名を冠する姓氏は皆、弘仁十四年四月に淳和天皇の諱を避けるため「伴」に改められた。大伴氏族の支族が改賜姓して単に伴宿祢姓となる類例があり、伴大田連、伴良田連、山前連、林連、伴林宿祢からの改姓が史書に見える。

○平安中期以降、中央の大伴氏族が地方に土着化したという伝承がいくつかみえるが（ないしは、そのように称されるが）、これら地方の大伴氏族は、実際にはその殆どが系譜仮冒であろう。

そのなかでは、三河（駿河麻呂あるいは善男の後裔と称。後に三河から近江の甲賀に分かれたものがあり、両国で繁栄する。なお、この三河の伴氏について景行天皇後裔と称した大伴部直姓だと太田亮博士はみており、祭祀の継承等も含め、その可能性がある）や、甲斐（金村の子・磐の後裔と称）、伊豆（大納言善男が配流されて彼地に遺した胤の後裔と称）、薩摩・大隅（肝付等の諸氏で、善男の子・中庸の後裔と称するが、当地近隣の古族の末か）などの地で繁栄しており、このほかでも甲賀の鶴見氏、平松氏や出雲の朝山氏、伊予の大野氏等も大伴姓を称したが、いずれも疑問が多い。

逆に、大和の大伴氏族の流れは、大和源氏（清和源氏頼親流）のなかに混じり込んだ模様もあり、源姓を称した中世大和南部の大族越智氏も、実際には大伴氏族の流れだったか。

○大伴氏族及びそれから発生した主な苗字をあげると次の通り

(1)**本宗家**……大伴連（録・左京、河内未定雑姓）、大伴宿祢（録・左京）、伴宿祢（関係の主要苗字は後掲）、伴朝臣（小野、石塚、豊田、畑―京官人、主殿寮。尾崎―桂宮諸大夫。大伴―相模国鎌倉の鶴岡八幡宮神主家。小林―相模国鎌倉郡人）。
伴宿祢については、支族から改姓してきたものも上掲のようにかなりある。本宗家の伴宿祢から発生したと称する主要苗字には、疑問ありのものも含めて掲げると、

●伊豆国人の石井、吾曽、阿美、大川、入江、住友。この系統は大納言善男の後とされるが、伴姓であっても、豊前守伴朝臣為国の近親から出た可能性もある。

●三河系統は、三河国碧海・幡豆郡に起った大伴部直の後裔（景行天皇後裔と称したが、実際には三野前国造の族裔か）という可能性が大きいが、伴朝臣姓を称。三河では東部の八名・設楽郡に移って発展した。平安末期に近江国甲賀郡にも支族が分れて繁衍し、甲賀武士として知られる。その一族としては、
大屋、幡豆、富田―三河国幡豆郡人。中条、大林―同加茂郡人で、中条は加茂郡猿投神社祠官にもあり。長沢―同宝飯郡人。八名、宇利―同八名郡人。設楽―設楽郡人で大族、菅原朝臣姓とも称。

富永、黒瀬、塩瀬、野田―設楽郡人。三木―同碧海郡人。土井〔土居〕―三河国額田郡針崎土井村より起る、武家華族。夏目―設楽郡に起り幡豆郡に遷、幕府旗本にあり、称清和源氏伊那一族。寺部―同宝飯郡国府八幡神主、また称源姓。高松、沢田、伊与部、八桝、宮永、柴山、栗田、種田―三河人。桑原―遠江人。

甲賀の伴氏一族は、甲賀郡大原村に住んだ三河伴氏の資乗を祖とする。伴、大原、小佐治、笹山〔篠山〕、柏木、向山、繁見、岡、中井、上田、馬杉、滝川、高屋、鷹水、毛牧、上野、大鳥居、山岡、垂井、滝〔多喜〕、小谷、和田、中上、木全、奈良崎、櫟野〔市野〕、内田、関野、市場、増井、亀井、岩野、増田―近江国甲賀郡及びその周辺に住。池田―尾張人で滝川一族、武家華族。中村―甲賀郡人で、中村一氏の家か。

●薩隅系統の肝付〔肝属〕の一族で、文書等には伴朝臣姓を称。実際の出自は肥後南部の葦北国造族の伴部姓とみられる。

梅北〔梅木田〕、救仁郷(源姓渋川一族と称するのも同じか。中世、諸県郡飯隈山別当を世襲)、北原、馬関田〔馬瀬田〕、検見崎、萩原、前田、安楽、津曲、永田、岸良、橋口、野崎、河南、鹿屋、三俣、山下、川北、川南、頴娃、加治木、小野田、薬丸、荒川、城ケ崎、内之浦、榎屋、慶田、二方、窪田、小城、柳田など―大隅国肝属郡人の肝付とその一族で、薩隅日に広く分布。出水〔和泉〕―薩摩国出水郡人。宮里、高城―薩摩国高城郡人。武光〔武満〕、寄田―同州薩摩郡人。白坂―日向人。武雄―肥前国武雄社大宮司。

(2)**大伴支族**……大和南部の高市・葛城郡から紀伊国にかけての分布が濃密。

大伴山前連（録・和泉）、山前連、家内連（録・河内）。

大田部連、大伴大田連、大伴大田宿祢（録・右京）、伴大田宿祢、大伴良田連、伴良田連、宇治大伴連、伴連（同上族。和佐—紀伊国名草郡和佐より起る。小倉—紀州那賀郡人、両者とも称大伴姓。那賀郡の大伴姓の三毛、奥氏や伊都郡の竈門明神祠官の竈門も同族か）、神私連（録・左京）、大伴櫟津連、大伴若宮連。

大伴朴本連、榎本連（録・左京。榎本—紀伊国牟婁郡熊野人で新宮党、武蔵下総相模に分る。田井—紀州牟婁郡人）、榎本宿祢（榎本—江戸期に蓮華光院門跡の坊官・侍、称越智姓。山城国乙訓郡の鶏冠井《かえで》は族裔か、土佐陸奥に分る。なお、室町期の大族上杉氏も族裔か）、榎本朝臣（有馬—牟婁郡有馬に起る、産田神社祠官）、丸子連（石垣—紀伊国熊野新宮の人。宇井〔鵜井〕—熊野人、下総国香取郡に分る。前田—紀伊国人、伊勢国安濃郡前田村より起るのもあり。三河の鳥居も同姓という）、丸子宿祢（片岡—常陸国人。丸〔麻呂〕—安房国朝夷郡丸郷より起る。安房の丸一族として、珠師ケ谷、原、宮下、石堂、岩糸、前田、神子上〔御子神〕など）、仲丸子（録・大和）、仲丸子連（紀州牟婁郡林浦の仲、別当は族裔か）、仲宿祢。

佐伯連（米多比は室屋大連末流で佐伯姓というが、筑前居住か）、佐伯宿祢（録・左京。佐武—紀伊国鷺森人。佐伯、笠原—武蔵国埼玉郡人、実際には武蔵国造族後裔かその跡を襲ったか。武笠—武蔵国足立郡女躰社神主、笠原同族か。相模国大住郡の大族で藤原北家流を称した糟屋〔糟谷〕氏も、佐伯氏の出かという説もある。あるいは称小野姓横山党と同族か。糟屋は播磨国加古郡に分れたが、その一族としては、相模に大山、朝岡、四宮、城所、大竹、櫛橋、善波、関本、新開、白根など。相模の波多野一族については、後掲）。

林連、林宿祢（録・河内。林―紀伊国藤並庄に住）、伴林宿祢、高志連（録・右京、大和。高志―三河人）、高志壬生連（録・右京）、日奉連（録・左京。夫婦木《めおとぎ》は室屋大連後胤で日奉姓と見えるが、居住地等不明）、佐伯日奉造（録・右京）、佐伯造（録・右京）、佐伯首（録・河内）、佐伯部。

大伴直、伴直（これらは別族の甲斐国造族後裔。古屋〔降矢〕―甲斐国八代郡浅間明神神主家。古屋同族は甲斐国内に繁衍も、南朝の宮将軍等に従い西国に赴いた支族もある。伴、寺尾、清野、坂、印沢、岩間、八代、祝、井戸、成田、井上、高部、萩原、轟、大鳥居、百々、皆井、宮原、岩下、市部、丹沢、田部、八田、矢作、藤井、金丸、一宮、平井、大久保―同州八代郡人。岩崎、青島、清田、西保、野田―同州山梨郡人。西内―信濃国小県郡人。大谷―周防国玖珂郡人。坂―安芸国安芸郡に住）。

●佐伯氏関係武家の苗字の殆どが、相模の波多野一族出自のものである。波多野をはじめ、以下にあげる一族は秀郷流藤原氏の猶子となった祖先をもつことで藤原姓も称した。
波多野〔秦野〕―相模国余綾郡波多野邑より起り、一族多く丹波、因幡、能登、石見、陸奥等に分る。石見から長門に遷住した波多野氏からは広沢伯爵家を出す。松田―相模国足柄上郡松田庄より起り、相模、備前、丹波、出雲等にあり。広沢―武蔵国足立郡広沢郷に起り、備後国三谿郡に遷。その一族は和智〔和知〕を本宗として、湯谷〔柚谷〕、江田、余谷、辻子、玉松、宮地、末永、上村、廻神、得尾、黒川、尾越、有福、新見、安田、上原、太田、国富、田利―同じく三谿郡の広沢一族。横尾―肥後人、波多野男爵家を出す。柳川、葉山、岩原、西嶋、松本―甲斐人。佐藤、大友、薗部、沼田、鮎川、平沢、栢山、曽木、菖蒲、荒川、牧田、金村、大槻、小磯、餘綾、松方、緑野、川尻、中嶋、酒井、石田、白川、渋沢、野尻、四井—相模等に住。安木—出雲国能義郡に住。河村〔川村〕—相模国足柄郡河村郷より起り、陸奥、越後、伯耆等に分る。荒河、垂水—越後国岩船郡の河村一族。関原—同州三島郡人。

河島〔川島〕—山城人。茂庭—陸奥名取郡の河村一族。大萱生《おおがゆ》〔大ヶ生〕、栃内、日戸、玉山、下田、沼宮内、川口、渋民、手代森、栃内、江柄—河村一族で陸奥の紫波・岩手郡等に住。松並—上北面、斎藤道三を出す。中嶋—伊勢人。荒木—摂津国人荒木村重の一族、伊勢の荒木田神主の族人が入る。石尾—摂津荒木一族。木曽—信濃国木曽人、源義仲末裔と称するも、実際には沼田の族と推される。信濃の木曽一族には、三富野、野路里、上松《あげまつ》、清水、高遠、安食野、上野、黒川、馬場、贄川、三尾、古幡、千村、立石、奈良井、小野川、妻籠などの諸氏で、千村は上野国に起る。

●大和国高市郡の大族越智氏は、散在党の刀祢で鎌倉後期から同郡の貝吹城等を拠点として活動が現れ、源姓を称した。その出自は諸説が多いが、一族分布や九頭竜神奉斎の祭祀行動などを考えると、大伴氏族の出自（狭手彦流大伴大田連改姓の伴宿祢姓か）が妥当か。

越智一族は高市・葛城郡に多く分布して、米田、堤、弓場、吉岡、下、楢原、鹿野園、南郷、玉手、坊城、鳥屋、加留〔賀留〕、大嶋、添田、出垣内、根成柿、高取。大和源氏と称した麻生、太田〔大田〕、二河、楊梅、竹田、峯田も早く分れた一族か。また、散在党の池尻、五条野、興田〔奥田〕、松山、脇田、曲川、南脇、小嶋〔子嶋〕、江堤、庭田などの諸氏も同族かそれに近い存在であったか。

(3)**奥羽及び東国の大伴支族**では、牡鹿郡本貫の本姓丸子氏で恵美押勝の乱に大功をたて陸奥大国造

となった道嶋宿祢が著名であるが、その後裔は明確には知られない。この関係の大伴支族（そう称するものも含む）では、

大伴部（陸奥名取郡の名取熊野三社社家の大友氏は族裔か）、靫大伴部、靫大伴連、靫伴連（陸奥黒川郡の式内・行《ゆき》神社神主家千坂氏は族裔。なお、同郡の大族で、称源姓の黒川氏も族裔か。黒川一族には相川、大衡、八谷）、大伴行方連、大伴苅田臣（苅田〔刈田〕―陸奥刈田郡人。白石―同族で、途中伊達氏からの入嗣もあって江戸期には伊達を号し登米伊達家という）、大伴柴田臣、大伴白河連、五百木部、大伴亘理連、丸子部、大伴安積連（安積―陸奥国安積郡飯豊和気神社祢宜。鈴木―同上族。陸奥の鈴木氏は熊野の鈴木氏の後と称するものの、実際には殆どがこの同族ではなかろうか）、大伴山田連、大伴宮城連（会津の耶麻郡の宮城氏は族裔か）、丸子、牡鹿連、牡鹿宿祢、道嶋宿祢（陸奥桃生郡の照井は族裔か）、大田部、白髪部。

栗原郡の駒形根神社の祠官鈴杵《すずき》氏は、大伴武日命の子の阿良比を祖と伝えて大伴姓を称したが、姓氏不明も、同族の末裔であろう（遠田郡の丸子部改姓の大伴山田連の族裔か）。出羽の平鹿郡式内の波宇志別神社神主大友氏も、藤原姓を称するも、陸奥の大伴部後裔とみられる。出羽の留守所職で飽海郡大物忌神社社司の丸岡、今井氏は丸子部（ないし道嶋宿祢）の族裔ではないかとみられる。陸奥亘理郡の鞠子氏も同様か。

上野国の住民で大伴部を賜姓した邑楽郡の小長谷部、甘楽郡の竹田部・糸井部も早くに分岐した大伴支族か関係部民の出か。

久米氏族概説

天津久米命の後裔と称するものは、「久米氏族」として一括する。大和国高市郡久米邑を本拠とし、大久米命（道臣命と同人）から出たと伝える。大和朝廷の古氏族の一つであり、本来の姓氏は久米部か。大伴氏族と警衛等の職掌上も、系譜・分布のうえでも密接な関係をもつ氏族。崇神前代に大伴氏の系統と分岐したとみられるが、それまでの各世代の先祖の名は大伴氏族の祖先の名と異なるものの、異名同人であろう。これらは安牟須比命を遠祖神としており、紀伊国造とも同族である。大和国宇陀郡にも分岐して門部・漆部の職掌を、伊予・播磨等に分岐して山部の職掌を伝えた。

倭建命の遠征に随行した影響か、西国の国造家を多く出しており、久味国造（伊予国久米郡）、大伯国造（備前国邑久郡）、吉備中県国造（備中国山間部ないし美作国か）、阿武国造（長門国阿武郡）、淡道国造（淡路国）、天草国造（肥後国天草郡）の六国造があげられるが、いずれも神魂命（神皇産霊命）の後としてのみ「国造本紀」に記される。

これら諸国造家では、淡道国造を除くと中世まで子孫を残したことは殆ど知られないが、伊予の久味国造の族裔は中世、東方の阿波西部の山間部に展開・遷住して、戦国期の三好長慶一族を出したとみられる。吉備中県国造の後裔は、吉井川流域の美作国の久米・苫田郡ないし英多郡に定住し、その地を中心に立石・漆間の一族を出したとみられる。美作における久米の地名に併せ、美作二宮とされる高野神社（苫東郡。もと高野本郷に鎮座で高野丹生明神を祀るか）や天石門別神社（英多郡）の奉斎等から、このように考えられる。

この氏族の姓氏としては、

久米直（録・左京、右京。久米―尾張の熱田神人。坂田―大和国高市郡人）、久米連（長門国阿武郡の大井八幡宮祠官阿武氏は族裔か）、久米宿祢（松岡―尾張国山田郡松岡より起り、美濃国不破郡・近江・肥後に遷。秋山―尾張人。阪田、日野―近江人。久米、清渕、黒川―肥後人）。

山部連（山部―近江国日野大宮人。市川、塩見、吉田―播磨人）、山部宿祢、山宿祢（三木、淡河―播磨国三木郡人）、門部連（録・大和）、門部直、興道宿祢、浮穴直（録・左京、河内）、春江宿祢（浮穴―伊予人）、村部、田部直（伊予国久米郡人）。伯耆国久米郡の山守連も同族か。三使部直（安芸国高宮郡人で中県国造末流）。

淡道ノ凡直、波多門部造（録・右京。波多〔秦〕―淡路国三原郡波多郷人、大和大国魂社年預。阿間―同郡阿間郷人、分れて遠江にあり。安間―遠江国引佐・長上郡人。矢部、長田、賀集、穴賀、庄田、広田、白山―波多同族で淡路国三原郡人。河上―同族で津名郡人）。淡路史生で見える榎本直も淡道国造同族か。

床石宿祢の後裔とされる漆部連は、「天孫本紀」に物部氏族出自で三見宿祢後裔とされるが、大和国宇陀郡の門僕神社を奉斎し、実際には大和の門部連同族とみられる。この一族には、漆部連、漆部造（宇陀郡曽爾の井上は末流か）、漆部宿祢。このほか、曽根連・曽祢造や二田物部などの二五物部等に久米氏族が混入している可能性が高い。

●法然を出した美作の漆間氏は漆部（姓は造か直か）。その一族には、稲岡―美作国久米郡人。立石―美作二宮高野神主家。神戸、間島〔真島〕、片山、安東―同上族。久米―同州人、後三河に遷。

南条―伯耆国河村郡人、称平姓・佐々木源氏・賀茂姓で、同国久米郡の小鴨にも養嗣を出す。

●阿波国名方郡の久米氏は平姓（ないしは源姓）を称するが、もと伊予国喜多郡久米庄の居住といい、久味国造久米直の族裔とみられる。その一族には鳥野のほか、名方郡で平姓を名乗り同紋（立二引竜十文字）の宮任、浦、白鳥、高川原、箕局、徳里、行万の諸氏。阿波三好一族で摂津島上郡に居城の芥川氏等の関係系図では、この久米氏と同族で南北朝後期に分離したのが三好氏と伝える。そうすると、清和源氏で阿波守護小笠原氏の後とされる三好氏は、実際には久味国造の族裔で、阿波三好郡に遷住して起った。三好一族には、養嗣で入った氏も含めると、前掲の芥川のほか、淡路の安宅、野口、讃岐の十河や、板野郡の斎田、馬詰、高志、美馬郡の大久保、岩倉、麻植郡の川田、那賀郡の椿、吉野や笹川など。名東郡の吉田、阿波郡の板東は十河の後と伝える。所伝・命名・分布などから、土佐嶺北長岡郡の雄族の豊永・小笠原や三好郡祖谷山の喜多氏も、早くに分れた同族か。

これに関連して、喜多郡久米郷から出た大野氏は、大伴宿祢姓（称家持弟高多麻呂後裔）とも嵯峨天皇末裔ともいうが、おそらく久味国造末流であろう。大野は河野氏の重臣で、浮穴郡久万の大除城にも分れた。喜多郡の一族には城戸〔木戸〕、菅田。この一族というものが伊予に多く、喜多、久米、今窪、伊賀崎、相津、一木など。

紀伊氏族の略説

関連して、大伴・久米氏族とも同族の「紀伊氏族」についても、大伴・久米関係を踏まえて略述しておく。主として紀伊国在住の氏族であるが、支流には滋野朝臣など京官人として活動したものもあった。

○紀伊氏族は天御食持命（又の名、手置帆負命《たおきほおい》）の後裔であり、上古の早くから紀伊国で繁栄し、神武東征の際に天道根命が紀（紀伊）国造に定められたと伝える。爾来、紀ノ川の中下流域を本拠にして、紀国造を名乗って政治に関わり、古代の朝鮮半島でも活動するとともに、名草郡の日前国懸社の祭祀を一族で永く司り、現在にまで至る。本宗家には、平安朝に武内宿祢後裔と称する紀朝臣姓より、江戸時代には藤原朝臣姓の公家・飛鳥井家より入嗣があった。

○この氏族は神武朝以前に大伴氏族を分岐させたが、紀国造の本宗家は引き続き紀伊国名草郡に定着した。支族の一部が近隣の和泉・大和南部など畿内へ進出し、それらの中から滋野朝臣が出た。地祇の色彩の濃い吉野の国栖も同族のようであり、紀国造家は国栖と通婚して丹生祝を出した。こうした事情にもかかわらず、『姓氏録』では何故か天孫部に収められる紀伊氏族の氏（右京神別の滋野宿祢などや山城神別の大坂直）もあった。

○地方の国造家としては、本国の紀国造のほかに葛津立《ふじつだて》国造（肥前国藤津郡）、石見国造があげられる。伊勢・尾張の爪工部も同族である。また、対馬及び壱岐の卜部は、中臣連一族の出とする系譜をもつが、これら卜部遠祖の天雷命を中臣祖の大雷臣命（仲哀・神功皇后朝の人で、烏賊津使主命とも表記）と混同するなどの事情によるもので、祖神（多久豆玉命すなわち手力男命）の奉斎例からみて、実際には同じ山祇族で中臣連と遠祖が同じくなる紀伊氏族の流れとするほうがよいか。

○中世武士では、紀州在田郡の大族湯浅氏は、その出自に藤原姓説等諸説あるが、『氏族志』に記すように「紀国造族也」か。あるいは紀朝臣姓が妥当か。地方豪族としては、幕藩大名家の肥前の大村氏は、藤原純友後裔と称するが仮冒であり、葛津立国造の後裔か。

このほか、関係する中世の地方豪族としては、武蔵の丹党や信濃の海野一族がとりあげられる。丹党は宣化天皇裔の丹治眞人と称したが、丹生祝の一支流が武蔵で繁衍とする系譜も伝えており、私見では知々夫国造族裔説のほうに傾いている。信濃で繁衍した海野、眞田の一族は滋野朝臣姓（あるいは清和源氏）と称したが、これも仮冒で、在地の大伴支族の流れだったか。樋口・今井・甕《もたい》などの諸氏が出た木曽の中原姓一族も、信濃の大伴氏末流だったか。丹波ノ楯縫連も紀伊氏族の出であったが、『姓氏録』に「木根乃命の男、丹波真太玉の後」とされる佐伯連（左京神別・天孫）は丹波国桑田郡の佐伯郷に起った氏で、楯縫連の同族ではないかとみられる。

○石見国造石見公の後裔は不明であるが、那賀郡石見郷の天石門彦神社に関与した岡本氏（大中臣姓とも藤原姓とも称）、同郡の都野、有福（ともに伴姓と称）、邑智郡の富永、君谷、出羽、真野原、祖式などの一族（道臣命後裔大伴家持の後と称）などが族裔ではないか。

このほかの紀伊氏族の姓氏、及びそれから発生した主な苗字については、省略する。

〔挿入系図〕

【著者】

宝賀　寿男（ほうが・としお）

昭和21年（1946）生まれ。東大法卒。大蔵省を経て、弁護士。古代史、古代氏族の研究に取り組み、日本家系図学会会長、家系研究協議会会長などを務める。

著書に『古代氏族系譜集成』（古代氏族研究会、1986年）、『巨大古墳と古代王統譜』（青垣出版、2005年）、『「神武東征」の原像』（青垣出版、2006年）、『神功皇后と天日矛の伝承』（法令出版、2008年）、『越と出雲の夜明け』（法令出版、2009年）、『豊臣秀吉の系図学』（桃山堂、2014年）など、著作・論考が多数。

「古代氏族の研究」シリーズは『和珥氏—中国江南から来た海神族の流れ』（2012年３月刊）、『葛城氏—武内宿祢後裔の宗族』（2012年10月刊）、『阿倍氏—四道将軍の後裔たち』（2013年３月刊）、『大伴氏—列島原住民の流れを汲む名流武門』（2013年10月刊）、『中臣氏—卜占を担った古代占部の後裔』（2014年５月刊）、『息長氏—大王を輩出した鍛冶氏族』（2014年11月刊）、『三輪氏—大物主神の祭祀者』（2015年８月刊）、『物部氏—剣神奉斎の軍事大族』（2016年３月刊）、『吉備氏—桃太郎伝承をもつ地方大族』（2016年11月刊）、『紀氏・平群氏—韓地・征夷で活躍の大族』（2017年６月刊）、『秦氏・漢氏—渡来系の二大雄族』（2017年12月刊）、『尾張氏—后妃輩出の伝承をもつ東海の雄族』（2018年６月刊）、『天皇氏族—天孫族の来た道』（2018年12月刊）の13作。

古代氏族の研究④

大伴氏－列島原住民の流れを汲む名流武門

２０１３年　１０月１５日　初版発行
２０１９年　　５月　８日　第２刷発行

著　者　　宝　賀　寿　男
発行者　　靍　井　忠　義

発行所　有限会社　青　垣　出　版
〒636-0246 奈良県磯城郡田原本町千代３８７の６
電話 0744-34-3838　Fax 0744-47-4625
e-mail　wanokuni@nifty.com
http: //book.geocities.jp/aogaki_wanokuni/index.html

発売元　株式会社　星　雲　社
〒112-0005 東京都文京区水道１－３－３０
電話 03-3868-3275 Fax 03-3868-6588

印刷所　モリモト印刷株式会社

printed in Japan　　ISBN 978-4-434-18341-6

青垣出版の本

「神武東征」の原像〈新装版〉
ISBN978-4-434-23246-6

宝賀 寿男著

神武伝承の合理的解釈。「神話と史実の間」を探究、イワレヒコの実像に迫る。新装版発売

Ａ５判３４０ページ　本体２,０００円

巨大古墳と古代王統譜
ISBN978-4-434-06960-8

宝賀 寿男著

巨大古墳の被葬者が文献に登場していないはずがない。全国各地の巨大古墳の被葬者を徹底解明。

四六判３１２ページ　本体１,９００円

奈良を知る

日本書紀の山辺道《やまのへのみち》
ISBN978-4-434-13771-6

靍井 忠義著

纒向、三輪、布留…。初期ヤマト王権発祥の地の神話と考古学。

四六判１６８ページ　本体１,２００円

奈良を知る

日本書紀の飛鳥
ISBN978-4-434-15561-1

靍井 忠義著

６・７世紀の古代史の舞台は飛鳥にあった。飛鳥ガイド本の決定版。

四六判２８４ページ　本体１,６００円

日本書紀を歩く①

悲劇の皇子たち
ISBN978-4-434-23814-7

靍井 忠義著

皇位継承争い。謀反の疑いー。非業の死を遂げた皇子たち22人の列伝。

四六判１６８ページ　本体１,２００円

日本書紀を歩く②

葛城の神話と考古学
ISBN978-4-434-24501-5

靍井 忠義著

葛城は古代史に満ちている。最高格式の名神大社が７社もある。遺跡に満ちている。謎に満ちている。

四六判１６５ページ　本体１,２００円

日本書紀を歩く③

大王権の磐余いわれ
ISBN978-4-434-25725-4

靍井 忠義著

三輪・纒向と飛鳥の中間に位置する磐余。神武東征説話の舞台となり、多くの大王（天皇）たちが王宮を営んだ

四六判１６８ページ　本体1,2００円

青垣出版の本　宝賀 寿男著　古代氏族の研究シリーズ

①和珥氏―中国江南から来た海神族の流れ　ISBN978-4-434-16411-8
Ａ５判１４６ページ　本体１,２００円
大和盆地北部、近江を拠点に、春日、粟田、大宅などに分流。

②葛城氏―武内宿祢後裔の宗族　ISBN978-4-434-17093-5
Ａ５判１３８ページ　本体１,２００円
大和葛城地方を本拠とした大氏族。山城の加茂氏、東海の尾張氏も一族。

③阿倍氏―四道将軍の後裔たち　ISBN978-4-434-17675-3
Ａ５判１４６ページ　本体１,２００円
北陸道に派遣され、埼玉稲荷山古墳鉄剣銘にも名が見える大彦命を祖とする大氏族。

④大伴氏―列島原住民の流れを汲む名流武門　ISBN978-4-434-18341-6
Ａ５判１６８ページ　本体１,２００円
神話の時代から登場する名流武門のルーツと末裔。金村、旅人、家持ら多彩な人材を輩出。

⑤中臣氏―卜占を担った古代占部の後裔　ISBN978-4-434-19116-9
Ａ５判１７８ページ　本体１,２００円
大化改新（645年）の中臣鎌足が藤原の姓を賜って以来、一族は政治・文化の中枢を占め続けた。

⑥息長氏―大王を輩出した鍛冶氏族　ISBN978-4-434-19823-6
Ａ５判２１２ページ　本体１,４００円
雄略、継体、天武ら古代史の英雄はなぜか、息長氏につながる。「もう一つの皇統譜」の謎に迫る。

⑦三輪氏―大物主神の祭祀者　ISBN978-4-434-20825-6
Ａ５判２０６ページ　本体１,３００円
大和王権発祥の地で三輪山を祭祀。大物主神の後裔氏族とされる。

⑧物部氏―剣神奉斎の軍事大族　ISBN978-4-434-21768-5
Ａ５判２６４ページ　本体１,６００円
ニギハヤヒノミコトを祖神とし、神武東征以前に河内の哮峰《いかるがみね》に天磐船《あまのいわふね》で降臨したと伝承。

⑨吉備氏―桃太郎伝承をもつ地方大族　ISBN978-4-434-22657-1
Ａ５判２３６ページ　本体１,４００円
吉備地方（いまの岡山・広島県）に大勢力を誇る。ヤマト王権と強い関わりをもち続けた。

⑩紀氏・平群氏―韓地・蝦夷で活躍の大族　ISBN978-4-434-23368-5
Ａ５判２２６ページ　本体１,４００円
紀伊を拠点とした紀氏、平群谷を本拠とした平群氏は同族。軍事氏族として活躍。

⑪秦氏・漢氏―渡来系の二大雄族　ISBN978-4-434-24020-1
Ａ５判２５８ページ　本体１,６００円
秦氏は京都・太秦を拠点に秦河勝らが活躍。東漢氏は飛鳥の桧隅を拠点に、飛鳥文化を醸成。

⑫尾張氏―后妃輩出の伝承をもつ東海の雄族　ISBN978-4-434-24663-0
Ａ５判２５０ページ　本体１,６００円
尾張地方を拠点とした古代氏族。熱田神宮を奉斎。継体天皇妃らを輩出。

⑬天皇氏族―天孫族の来た道　ISBN978-4-434-25459-8
Ａ５判２９５ページ　本体１,６００円
ヤマト王権の根幹、現皇室にもつながる。先入観・主観を排除して究明。